The Quotable James

ウィリアム・ジェイムズのことば

岸本智典 編著　入江哲朗　岩下弘史　大厩諒 著

教育評論社

ウィリアム・ジェイムズ
(写真提供：Popperfoto/Getty Images)

はじめに

今や巨大な国家となり、世界のさまざまな領域をリードする米国に、かつて一人の哲学者がいました。本書の主人公、ウィリアム・ジェイムズです。彼が亡くなった翌日、ニューヨーク・タイムズ紙は次のような大きな見出しとともに追悼記事を掲載しています。「ウィリアム・ジェイムズ氏、逝去――偉大なる心理学者」。その下には彼の簡単な紹介として、「かの小説家〔引用者注：本書のコラムでも紹介されるヘンリー・ジェイムズのことです〕の兄であり、第一級のアメリカ人哲学者――享年六八」、「ハーヴァードに長く座した教授」、「現代のアメリカ心理学の実質的な確立者、プラグマティズムの主唱者にして、幽霊に首を突っ込んだ人物」という言葉が続きます[1]。

このように、ジェイムズという人物は実に多彩な経験や属性を持つ人物でした。当時、哲学者、心理学者としての確かな名声を得ていたことは間違いありません。そうした名声にもかかわらず、現代においてジェイムズは、とくに日本において一般にはあまり知られていないように思われます。本書は、彼の思想が現代を生きる私たちにとっても有用なものであるとの考えから、広くそれを紹介したいという強い動機により作られました。

ジェイムズ思想の魅力とは何なのでしょうか。それは、ものごとを可能な限り広いつながりのなかで捉える視座にあると編者は考えます。それは、目の前にあるものの一部だけを見るのではなく、なるべく幅広く全体を見渡す思想であり、さらに目の前にあるものを取り囲む背景や歴史といったものまでをも視野に入れるような思想です。またこの思想は、ものごとを過去から未来へと向かう変容や生成の過程のなかで捉える視点をも与えてくれるでしょう。現実にあるものの裏側で可能性として存在することがら——ありえなかった現在——へと眼差しを向けることを促す思想とも言えるかもしれません。本書で解説される彼のさまざまな「ことば」が表現する思想に通底するものとして、編者は以上のような視座を見出します。そして、ジェイムズ思想が保持するこの視座は、読者の皆さんが現実生活で対面するさまざまな問題への対処の仕方を考えるときに、大いに助けになるものだと信じています。

本書のタイトルは『ウィリアム・ジェイムズのことば』とシンプルなものになっており、基本的に「名言集」と呼べるものですが、「解説」や「コラム」をなるべく充実させ、ときには同一のテーマに複数の「ことば」を引用することで、ジェイムズ思想の連関や彼が生きた時代状況などの背景を全体的に理解できるように配慮しました。その意味で、本書は「ことば」を通したジェイムズ思想の入門書であるとも言えます。また、本書は対象となる読者を幅広く想定しています。ウィリアム・ジェイムズという名前をはじめて聞いた方でも、もともとジェイムズについてご存じで、より詳しく知りたいと思い手を伸ばしてくださった方でも、どなたでも大歓迎です。学生の方も、会社勤めの方も、アカデミックな関心を持たれている方もそうでない方も、是非とも本書の中身をぱらぱらとご覧になってほしいと思います。どのような関心から手に取りお読みになっても皆さんの何らかの興味にふれることができるよう、テーマの射程をなるべく広くとっています。これも、ジェイムズ思想自体の射程が広いからこそ可能になったことです。

本編は七章構成で、それぞれジェイムズの「ことば」と、その「解説」から成り立っています。そして、章間に「コラム」を五つ設けて、ジェイムズが生きた時代や彼の人生、日本の思想への影響など、背景的事情について詳しく解説しています。七章の構成は目次の通りですが、おおまかに、最初の第一〜四章が原理・理論編、第五〜七章が実践編と位置づけることができます。どちらかと言えば原理・理論編は固く、小難しい話が多いように感じられるかもしれませんので、人によっては後半の実践編からお読みになったほうがとっつきやすいかもしれません。

第一章では全体の前提ともなるジェイムズの世界観を扱い、第二章ではそうした世界といわゆる主観的なものとはどのような関係にあるのかというテーマを扱っています。第三章では彼の宗教思想、宗教研究に焦点を当てています。第四章では彼の心理学的な研究に目を向け、人の「心」の問題を取り扱っています。「心」の問題の多くは第二章でも問題にされますが、そちらでは主に哲学的な議論が展開されるのに対して、第四章では科学としての側面が強調された、ジェイムズの考えるところの心理学研究に関係するものに限定して話題を選んでいます。その内容は彼が生きた時代による制限もあり、今から見れば古く感じられるところもあるかもしれませんが、第二章と合わせて、後の時代の心理学に多大な影響を与えた彼の研究の射程の広さを感じ取っていただければと思います。

第五章では、ジェイムズが自身の哲学や心理学、宗教的経験の研究を背景に語った、教育論や人間形成論を取り上げています。第六章と第七章では、人間の生き方や価値観に関係する「ことば」を取り上げています。そのさい、第六章では自分自身の律し方といった、まずもって自己に目が向けられた生き方の思想を扱い、第七章では社会のなかで、人びとのなかで私たちはどのようにともに暮らしていけばよいかという、いわばジェイムズの共生の思想とでも呼べるようなテーマを扱っています。

本書の著者についても付言させてください。本書は、取り上げる「ことば」の選定の時点から、入稿、校正段階に至るまで、一貫して共著者の四人で議論を尽くし、作り上げられたものです。お互いの原稿を何度も読みあい、その都度、疑問点や修正点を指摘しあって、繰り返し議論をおこないました。この点はコラムも同様です。もちろん、それぞれの執筆箇所については、最終的には担当者の責任において判断を下しましたが、本書が共著者四人による共同作品であることについては明記しておきたいと思います。

そのなかでも、それぞれの専門性からとくに担った役割について――各「解説」や「コラム」

の執筆担当者はそれぞれの末尾に（　）で示しています――本書における登場順（執筆順）に簡単に紹介しておきたいと思います。英米哲学、とくにジェイムズの哲学を専門とされている大厩諒さんには、ジェイムズの世界観、哲学思想、心の哲学、宗教思想に関する部分の多くを執筆いただきました。全体の構成についても、ある意味では第二の編者として、編者の相談に乗っていただいたことも記しておきたいと思います。比較文学を専門とされる岩下弘史さんには、ジェイムズ思想の日本への影響という視点から、その代表としてとくに夏目漱石に影響を与えたとされるジェイムズの思想の解説をお願いしました。そうした理由から、岩下さんの解説にはたびたび漱石が登場します。ジェイムズ思想の日本への受容の一様式として、漱石の受容の仕方が興味深いものであることを感じてもらえれば幸いです。

米国思想史を専門とされる入江哲朗さんには、ジェイムズの思想の背景をなす米国社会の状況や、彼が置かれた環境、人間関係などを広く解説していただきました。また、全体の書式の統一についての舵取りや年譜の作成において多大に尽力してくださったことをここに記します。米国思想史と教育思想史との接面についてジェイムズを軸に探っている編者は、ジェイムズ思想のうちとくに教育や人間形成、人の生き方に関わる部分を担当いたしました。もちろん、編者として全体の内容に関し責任を負っていることは言うまでもありません。

また、英国思想を専門とされる町本亮大さんより、ジェイムズの同時代人シラーについての解説を「特別寄稿」として寄せていただきました。ジェイムズ理解に重要とされながらも、これまでなかなか日本語で読める文献がなかったシラーの考え方を知ることで、米国を離れた別の角度からジェイムズ理解を深められるようになったのではないかと思います。少々マニアックな主題ですが、ジェイムズ思想に関心を持たれた方には、ある種の「応用問題」としてチャレンジしていただければと思います。

最後に、それぞれの「ことば」の出典表記法や巻末資料について付記いたします。「ことば」のページでは、『多元的宇宙』、『哲学の諸問題』というように、「ことば」の末尾に出典を簡潔に記しました。おおむね巻末の「原文一覧」に挙げました邦訳タイトルと同じですが、なかには『講話』のように邦題とは異なっている場合があります。正確な出典を知りたい方は「原文一覧」をご参照ください。また、本書の「ことば」部分では、原文のイタリックによる強調や原文からの省略を厳密に表現していません。まずは「ことば」を単体で味わってほしいという思いからです。正確な英語の原文がどのようになっているのかを知りたい方は、こちらも「原文一覧」をご参照くだされば と思います。また、ジェイムズの人生の概略がつかめるように、巻末に「ウィリアム・ジェイムズ略年譜」を付しました。それぞれの「ことば」が彼の個人史のなかのどのような時期に発せられたものだったのかを知るためにも、参考にしていただけたらと思います。

なお、「ことば」という断片からだけではジェイムズ思想の流れや全貌を把握することはできないということも認めてしかるべきでしょう。本書の「名言集」というあり方自体が、思想の「流れ」を重視するジェイムズの思想と相容れないものなのかもしれません。もし本書をお読みになり、より詳しく知りたい、ジェイムズを直接読んでみたいと思ってくださった方は、巻末の「文献一覧」（および「原文一覧」に挙げた原著や邦訳の情報）を参考にして書店や図書館へと足を運び、彼の「ことば」を文章の「流れ」のなかで味わってくだされば幸いです。

あらためて強調しておきますと、本書を生み出そうと考えたのは、彼のそれぞれの「ことば」との出会いが現代を生きる私たちに希望や活力を与えてくれるものであるとの信念を著者たちが持っていたからです。彼の「ことば」を断片的にも思われるかたちで取り上げることへの戸惑いや躊躇はありました。ですが、細心の注意を払いつつも、まずは一歩踏み出そうとして生まれたのが本書です。彼の感じたこと、悩みや葛藤をも含めた彼の思考に「ことば」を通してふれることが、みなさん自身の生活にとって意義あるものとなることを願っています。
それでは、どうぞ「ウィリアム・ジェイムズのことば」をお楽しみください。

編者　岸本　智典

□注

（1）"William James Dies; Great Psychologist," *New York Times*, August 27, 1910.

ウィリアム・ジェイムズのことば◎目次

第二章　世界のなかの「私」――「心」を哲学する

第三章　宗教的なるもの――ジェイムズの宗教哲学

第四章　心のからくり――「科学としての心理学」を目指して

第五章　私たちは何になりうるか——教育観・人間形成論

第六章　この「私」はどう生きればよいか——生き方・道徳の思想①

第七章　他者とともに社会を生きる——生き方・道徳の思想②

装丁＝相羽裕太（明昌堂）
装画＝松沼恵里佳

第一章　世界をどう眺めるか——ジェイムズの哲学的ヴィジョン

1 哲学は一人の人間のヴィジョンである

人間のヴィジョンは、その人に関する偉大な事実である。ひとつの哲学は一人の人間の内奥の性質の表現である。宇宙に関するもろもろの定義はすべて、人間の諸性質が宇宙に対して意識的におこなう反応にほかならない。

（『多元的宇宙』）

哲学とはいったい何でしょうか。難しそうな言葉を使って難しそうなことを考えているもの、というイメージを持つ人もいると思います。あるいは、「真理とは〇〇である」とか「人生とは××である」といった、名言っぽいことを言うものだと思うかもしれません。たんに役に立たない無意味な学問だとネガティヴに捉えている人もいるでしょう。

これに対して、本書で取り上げるジェイムズは、哲学とは何よりもまず、世界の受け止め方、眺め方のことだと述べます。それぞれの人間が自分たちの住む世界を全体としてどのように受け止め、どのように眺めるかが、各々の哲学を決定します。別の言い方をすれば、その人の性格と経験の全体を通した、人生という意識の流れ全体の感じ方が哲学です。ジェイムズはこれを「ヴィジョン」と呼びます。哲学とは、個人が持つヴィジョンなのです。

哲学の基本にヴィジョンがあるなら、哲学には論理や合理性だけでなく、感情とか意志、好みといった主観的なものも含まれることになります。哲学的な意見が作り上げられるときには、私たち個人の全体が活動し、個人のなかの諸要素が協力しあっているのです。このことは歴史上の哲学者にも共通していることです。ジェイムズは『信じる意志』の第三章で次のように述べています。「現に哲学者として活躍している人たち自身が、いかなる哲学も個人的な好みや信念や予感といったものの助けを借りずに構成されうる、また、これまでいつも哲学はそのようにして構成されてきたなどと主張することは、ほとんどありえないことだ」。

このように、哲学というものを考える際には、論理や合理性に加えて、哲学をする個々人の全体を見なければならないとジェイムズは考えているのです。（彼の哲学観の別の側面は次の2で扱います。）（大厩）

2 哲学は凝り固まった偏見を打ち破る

哲学は見慣れたものを見知らぬもののように扱い、見知らぬものを見慣れたもののように扱う。哲学は、あらゆる問題をめぐって思索を試みようとする気構えに満ち溢れている。哲学はわれわれを生来の「独断のまどろみ」から目覚めさせ、凝り固まった偏見を打ち破るのだ。

（『哲学の諸問題』）

この「ことば」は、ジェイムズの最晩年に哲学の入門書を意図して書かれ、死後に出版された『哲学の諸問題』という未完の著作からのものです。

ことば1では個人のヴィジョンとしての哲学という考えにふれました。今度は哲学という営みの別の側面を見てみましょう。

たとえば、ものを見たり触れたりする場面を考えてみます。私たちは普段、目に見えているもの（机やテレビなど）があるということを疑っていません。でも、日常のなかでは見間違いということもよく起こります。向こうから歩いてくる人を知人だと勘違いして声をかけてしまったり、メールの文面を読み間違えたりしたことのない人は少ないと思います。また、電話で話しているときに聞き間違いをしてトラブルになったことのある人もいるでしょう。このように、私たちの知覚するものがいつも正しいとは限りません。そうなると、いつの知覚が正しいと言えるのでしょうか。今この本のページを見ているということは絶対に正しいと思うかもしれません。しかし、見間違いのときも、「向こうから来る人はAさんだ」と確かに思っていたはずです（そうでなければ声をかけないでしょう）。それなのに、ほかの知覚ではなくこの知覚が正しいということを何が保証してくれるのでしょうか。一メートル先に見えている机ももしかしたら見間違いで、何か別のものかもしれません。こうした誤りの可能性を考えに入れると、目に見えるものが存在しているのだと素朴に言うことはできなくなるように思われます。でも、そうなると、知覚以外の何に基づいて、私たちはものが存在していると言えるのでしょうか。

また、私たちは毎日言葉を使っています。友人や同僚に会えば挨拶や雑談をし、学校や職場では教科書や書類、メールを読みます。では、言葉の意味とは何でしょうか。この問い自体は、たとえば外国語を勉強するときなどによく出てきますが、知らない単語の意味を知ろうとして辞書を引いても、そこで見つかるのは別の単語にすぎず、結局辞書を行ったり来たりすることになります。でも、単語の意味が別の単語だというのでは、なんだか騙されたような気がします。それなら、言葉を見たり聞いたりしたときに浮かぶイメージが意味なのでしょうか。そうだとすると、「しかし」のイメージ、「西暦二〇一八年」のイメージ、「ねばならない」のイメージとはどんなものでしょうか。仮にそういうものがあるとして、私たちは会話や読書をするとき、そうしたイメージを思い浮かべながら言葉を使っているのでしょうか。

日常生活のなかで、こういう問いはほとんど出てきません。問いがあるということさえ、気づかれていないかもしれません。しかし、そこに疑問を覚えてしまった人、問いにいわば取り憑かれてしまった人にとって、世界はこれまでとは異なって見えてきます。自明の前提だったものが自明でなくなり、驚きと謎が至るところから湧いてきます。

哲学をするということは、そのような謎に満ちた世界をどこまでも厳密に言語で表現しようとすることにほかなりません。哲学をする者は、日常生活における「独断のまどろみ」と「凝り固まった偏見」に留まることなく、問いの答えを追い求め、自分が住む世界のあり方を見極めようとするのです。（大厩）

3 真理への望ましい態度

私が述べることの多くがアナーキーなものに聞こえるかもしれないことはよくわかっている。真理という概念そのものに私が絶望しているように思われるかもしれない。しかし、私はけっして無秩序や懐疑そのものを愛しているのではない。むしろ私は、真理をすでに完全に所有していると言い張ることによって、かえって真理を失ってしまうことを恐れている。つねに正しい方向に向かって進んで行きさえすれば、われわれが徐々に真理に近づいていけるということを、私は誰にも劣らず堅く信じている。

（『宗教的経験の諸相』）

これは『宗教的経験の諸相』という宗教哲学を論じた著作の一節です（以下、『諸相』と略記します）。この著作については第三章で詳しく述べますが、『諸相』でジェイムズが採用した方法は、手紙、手記、伝記などをさまざまな時代と地域にわたって収集し、「宗教的」と呼ばれる経験の多様な現われのなかから共通の特徴を見出すというものでした。このような方法は、宗教論に限らず、ジェイムズの思想の全体を特徴づけるものです。

しかし、事実をただ集めるだけで、すべての宗教に適用できるような結論を導き出せるのか。ジェイムズのやり方では、結局のところ不確実な、明日には覆ってしまうかもしれない一時しのぎの結論しか得られないのではないか。こういう疑問が浮かんできます。

たしかにジェイムズもこの点を自覚しており、この「ことば」の直前では、得られた結論が今のところは通用するだけであり、大まかに言って正しいものにすぎないと認めています。けれども、そうした不完全性があるからといって、普遍性や一般性を求める探究が無意味だということにはならないとジェイムズは述べているのです。

「真理をすでに完全に所有していると言い張ることによって、かえって真理を失ってしまうことを恐れている」と述べているように、ジェイムズは自分の考えが真理だと独断的に主張するわけではありません。批判に耳を傾けず、別の結論の可能性に目を向けない人は、結果として失敗してしまうことでしょう。けれども、私たちの探究に課せられるさまざまな制約にもかかわらず、普遍的な真理へ近づいてくことができるという信念を誰にもまして持っているのがジェイムズです。真理に関する彼の態度は、絶対確実な真理というものがどこかにあって、それがいつか手に入るんだと決め込む無邪気な楽観主義ではありません。反対に、そんな真理などないし、あったとしてもどうせ到達不可能だと諦めてしまう悲観主義にも与しません。期待が裏切られることもあるのを承知のうえで、それでも真理を手に入れられるかもしれないという望みを捨てずに探究を続ける誠実な態度こそ、ジェイムズが改善論と呼び支持する立場なのです。

ちなみに、真理に対するこうした構えは、ジェイムズのプラグマティズムと密接に関わるもので、ことば4と5で詳しく見ていきます。(大厩)

4 「真なるもの」とは考え方における都合の良いもの

「真なるもの」とは、ごく簡単に言えば、われわれの考え方における都合の良いものにすぎない。

（『プラグマティズム』）

「信念は真理であるから有用だ」とも言えるし、「信念は有用であるから真理だ」とも言える。これらふたつの言い方は正確に同じことを意味している。

（同右）

右のふたつの「ことば」は、真理に関するプラグマティズムの考え方を表す言葉として有名なものです。プラグマティズムと言えば「役に立つものが真理である」と考える「実用主義」のことだという一般的な考えも、この「ことば」に由来するものだと思います。ここで言われている「真理＝都合の良いもの・有用なもの」という等式がジェイムズの本来の議論から切り離され、一人歩きすることによって、多くの誤解や非難が生まれました。たとえば、「プラグマティズムは、当人にとって都合が良ければ明らかに事実と異なるおかしな考えでも真理になるという馬鹿げた主張をしている」とか、「プラグマティズムは、真理というものを、役に立つとか都合が良いといったたんなる主観的なものにしてしまっている。米国人は経済のことしか頭にないから、こんな愚かな説を信奉するのだ」といったものがそのような例として挙げられるでしょう(こういった反応に応答するために、ジェイムズは『真理の意味』という論文集を出すことになりました)。

しかし、ジェイムズの真意を理解するためには、まず次のことに注意しなければなりません。それは、「役に立つ」とか「都合の良い」といった言葉が何に対して使われているかです。たしかに私たちの身の周りには役に立つものがたくさんあります。時計や眼鏡、スマートフォンや低反発枕はとても役に立ちますが、ジェイムズはそれらを「真である」とは呼びません。「このスマートフォンは真だ」と言われても、ちょっと意味がわからない。そうではなく、ジェイムズが真とか役に立つと呼ぶのは、考え(信念・観念)に対してなのです(「信念」という日本語には「信念を貫く」というようなときの、何かを堅く信じるといったニュアンスがありますが、英語のbeliefには「考え、意見」といったもっと軽い意味があり、ここではそのような意味で使われています)。

たとえば、森のなかで道に迷い、手持ちの食糧も尽きた人が、たまたま牛が通った跡を見つけて、「この跡は人家に通じているかもしれない」という考えを持つとします。この人はその考えに基づいて跡を辿り、無事に人家を見つけて難を逃れます。このとき、「この跡は人家に通じているかもしれない」という考えは大変役に立つものだったということになります。ここで「役に立つ」とは、ある考えやその考えに基づく行為が引き起こす結果について言われています。そして、そのような結果をもたらしてくれる考えが、「真である」と呼ばれるのです（もちろん一口に真理と言っても、数学的な真理や科学上の理論の真理など、いろいろな種類があります。ここで取り上げたのは、比較的単純な予測がうまくいくというケースです）。

このように、考え→行動→結果という一連のプロセスを通して少しずつ作られていくのが、ジェイムズのプラグマティズムにおける真理です。考えの有用性が、たんに自分がそう思うからというだけでなく、実際の行為と結びついており、その結果を通じて明らかになるものだというジェイムズの主張を見落とすと、右で挙げたような短絡的な批判も生まれてしまいます。この点は、次のことば5で引き続き見ていきます。（大厩）

5 幸福であることと役に立つこととは必ずしも一致しない

内面的に幸福であることと、役に立つということとは、必ずしも一致しない。最も「よい」と直接に感じられることも、その他の経験の裁断によって測ってみると、必ずしも最も「真」であるとは限らない。もし「よいと感じる〔=気持ちがいい〕」だけでものごとが決められるのなら、酔っぱらうことは最も有効な人間的経験ということになるだろう。

（『宗教的経験の諸相』）

ことば4では、ジェイムズが真理と呼ぶものが、役に立つ「考え」であるということが明らかになりました。それでは、役に立つとはどういうことでしょうか。でたらめな考えであっても、それが心地よさをもたらしてくれさえすれば、正しい考えだということになるのでしょうか。そのような誤解は当時からたくさんありました。しかし、そうではない、とジェイムズは繰り返し強調しています。

ジェイムズが考えを評価するときに用いる「役に立つ」とか「都合が良い」というのは、一時的にうまくいくようなものだけを指しているのではありません。たしかにジェイムズは、その考えを抱くと安心感や安らぎが得られる場合、その考えが「役に立つ」と言います。その考えが心地よさという、私たちにとってプラスになるものをもたらしてくれるからです。しかしジェイムズは、その考えに従って行動するとものごとが円滑に進むという場合にも、その考えが「役に立つ」と言います。また、以前に獲得された知識や信じていることの全体と整合的である場合も、その考えは「役に立つ」と言われます。

右の「ことば」について言えば、酔っぱらうことはたしかに気持ちいいのですが、だからそれが一番役に立つ経験だと思うとすれば、こんなにおかしなことはありません。さらに、酔っぱらったときに「これこそ真理だ」と思われた考えは、その瞬間にはどれほど強い満足感を与えたとしても、翌日にはまったくの見当外れで使い物にならないということがよくあります。（「ことば」のなかで言われている「その他の経験の裁断」とは、こうしたことを指しています。）私たちは「役に立つ」ということの多義性に注意しなければなりません。今心地よいと感じられることや、束の間の満足を与えるものだけがジェイムズ的な「役に立つ」の意味ではないのです。その言い換えれば、ある考えが役に立つかをテストするには、複数の視点が必要なのです。その場では都合の良い考えであっても、しばらくすると反対の結果になることもあります。また、ある目的にとっては役に立つ考えでも、別の目的にとってはそうでないこともあります。このように、考えの有用性は、それをどれくらいの期間で、どのような目的のもとで評価するかによって変わってくるのです。

そうなると、ある考えを単一の基準によって一概に「真だ」「偽だ」と判断することはできないことになります。真理というものは特定の観点・目的と結びつけられています。だから私たちは、ある考えが役に立つ（＝真である）のは特定の観点のもとにおいてのみだ、としか言えないのです。こうした多様な評価軸によって多様な真理を認めようとするのが、ジェイムズの真理論なのです。

ジェイムズのプラグマティズムに対する誤解の一因は、「役に立つ」という非常に複雑な言葉を、一面的に理解することにあると言えるでしょう（このことは『プラグマティズム』のあとに出された『真理の意味』という論文集に収められた「ヒューマニズムと真理」において詳しく述べられています）。（大厩）

6 ひとつの宇宙のなかの多宇宙

われわれの「多宇宙」は依然として「ひとつの宇宙」である。というのも、この世界には、各部分がすぐ隣の部分と切り離しえない仕方で互いに融合しているという事実があるので、すべての部分はどれほど遠く離れた部分とも、現実的あるいは直接的ではないにせよ、可能的あるいは間接的には結びついているからである。

（『多元的宇宙』）

この「ことば」は、ジェイムズ晩年の著作『多元的宇宙』の結論部からのもので、彼の世界観がはっきりと表現されている箇所です。この著作では、イギリス観念論と呼ばれる学派に属するT・H・グリーンやF・H・ブラッドリーといった哲学者が批判されています。彼らの唱える一元論的な哲学では、この世界は、表面上は変化したりばらばらであったりするように見えるけれども、本当は変化しておらず、事物の合理的なあり方はひとつしかないとされます。

これに対してジェイムズは多元論を主張します。この宇宙（これは存在するものの全体のことで、ジェイムズはこの言葉を「世界」とほとんど同じ意味で使っています）には可能性と不十分さが本当にあり、各部分を完全にまとめ上げることはできません。右の「ことば」にある「多宇宙」(multiverse)とは、このことを指しています。しかし、この宇宙に存在するもろもろのものは、互いに関係しあいます。その関係は、ある集まりでは緊密なものかもしれないし、別の集団では緩いものかもしれません。そして、集団同士もさまざまな結びつきを持っています。一元論的な哲学では、こうしたすべての存在者を完全に支配し統合する存在（これは絶対者と呼ばれます）が登場しますが、ジェイムズの宇宙に絶対者は不要です。存在するものはどれもほかのものに依存しない独立性を持っているからです。とはいえ、それらはまったくばらばらで孤立しているわけでもありません。この世界には多様なグループが溢れており、そのメンバーも範囲も、つねに変わる可能性を秘めています。しかも、これらのグループ自体は、ひとつの宇宙(universe)のなかにあるのです。

このような宇宙を喩えるとすれば、次のようになるかもしれません。小学校の校庭で、休み時間に子どもたちが遊んでいます。縄跳びをしている児童もいれば、ドッジボールをする子どもも、ジャングルジムに腰かけて話している子もいます。それぞれがそれぞれの遊びをしていますが、彼らはまったくの無関係というわけではありません。ボールが別のグループの子どもに当たってしまうかもしれない。ある子は別の友だちを見つけ、縄跳びから抜けてそちらのグループに加わるかもしれない。しかも、これらすべての子どもたちが、校庭という同じひとつの場で遊んでいるのです。これに対して一元論的な哲学では、すべての児童が絶大な力を持つ管理者（校長先生?）によって統括され、遊び方も遊ぶ場所もすべて決められています。ジェイムズ哲学の描く宇宙は、このようなイメージで表すことができるでしょう。（大厩）

7 生はたえざる推移のなかにある

生きることは、連結されたもろもろの項のなかにあるのと同じくらい推移のなかにもある。実際、生きることにおいて目立っているのは推移のほうだと思われるときもしばしばである。われわれの〔生における〕突進と突撃は、あたかも戦闘における現実の砲列の火線のようであり、農夫の放った火が乾いた秋の野を細い線となって走る姿のようである。このような線のなかで、われわれは過去を振り返りながら生きていると同時に、未来を予想しながら生きてもいる。

(『根本的経験論』)

私たちの経験は流れ続け、溢れ続けます。波乱万丈な人生でも、単調で平凡な毎日でも、流れ続けることに変わりはありません。私たちが生きている世界は、つねに一瞬前とは何ほどか異なっています。朝起きて顔を洗うとき、さっきまでの心地よい眠りという過去と、今日一日の予定という未来がそこに入り込んでいます。そうして私たちの経験は刻一刻と変化しながら連続的に進行していくのです。こうした経験同士の緩やかなつながりと変化が「推移」と言われるものです。それに対して、「項」というのは比較的はっきりしていて安定した経験のことです。たとえば電話で話をしているとき、相手の声や会話の内容が「項」であり、周囲の音や椅子の座り心地、受話器が耳に当たっている感じなどは背景に退いています。

この「ことば」は、「純粋経験の世界」という一九〇四年に書かれた論文の結論部です。この論文が収められた『根本的経験論』という著作は、ジェイムズ哲学の根幹とも言える純粋経験論をはじめ、彼の世界観が率直に述べられており、大変重要なものです。

ことば8や11でもふれることになりますが、ジェイムズの世界観の核心のひとつは、経験、ひいてはこの世界そのものが連続的な推移の状態にあるという点です。ふつう、経験と言えばはっきりしたもの（「項」）に目が行きがちですが、じつは、私たちの経験では、留まることなく動き続け互いに入り込みあう、推移の状態が大きなウェイトを占めています（このような考えは当時の心理学において非常に斬新なものでした。詳しくはことば10で扱います）。鮮明な、あるいはぼんやりとしたさまざま記憶、視界の中心にあってくっきり見えている事物と視野に入っているだけの周囲の情景、これからどこかに出かけるというような直近の予定や、一〇年、二〇年先といった将来の漠然とした予感など、多様な経験が私たちの現在につながっています。しかも、今見ているものはすぐさま「さっき見ていたもの」へと変わり、予想されていたものが「今見ているもの」になります。つまり、過去・現在・未来の内容は不断に変転していきます。

このようにジェイムズは、経験と実在に備わる連続的な性格を強調するわけですが、この発想の源は彼の心理学にあります。また、彼の有名な「プラグマティズム」も、この発想を土台にして展開されます。これらの点についてはこのあとでも、より詳しく見ていきたいと思います。（大厩）

8 直接的な生の流れとしての純粋経験

「純粋経験」とは、直接的な生の流れに対して私が与えた名前である。この流れが材料となり、われわれは概念的カテゴリーを用い、そこにあとから反省を加えるのである。ただ生まれたばかりの赤ん坊、あるいは睡眠や麻酔薬、病気、打撲のために半ば昏睡状態にある人だけが、あらゆる種類の「何」になれそうになっているのに、まだどんな明確な「何」にもなっていない「あれ」という、文字通りの意味での純粋経験を持っていると見なせるかもしれない。

（『根本的経験論』）

私たちの日常は多様な経験に満ちています。たとえば、私は今机に向かって座っていますし、そこからパソコンや本が見えます。肩にこりを感じ、若干の眠気と戦いながらこの文章を書いています。外からは車の走る音も聞こえてきます。また、昨日の職場での会話を思い出し、今日の夕食を何にしようか考えます。こうした取るに足らない経験は、次から次へとたえまなく現われては消えていきます。これらは明瞭な輪郭・区別を持っているわけではありませんが、それなりに分節化されているようにも思われます（経験の分節化についてはことば12もご覧ください）。

しかしジェイムズは、こうした日常的な経験の根底に、渾沌とした「直接的な生の流れ」があると言います。この流れは、明瞭な分節がなされる前の原初的な感じです。「あれ」（that）と言われているのはこの感じのことで、端的にあるというだけの状態を表します。このような感じにさまざまな概念・言葉（「机」「肩」「眠気」など）をあてがうことによって何であるかが確定された状態、なじみ深い通常の経験、すなわち「何」（what）が成立するのです。純粋経験とは、このように、最も原初的で具体的な段階の経験のことなのです。

この純粋経験という不思議な概念については、次の「ことば」でも考えていきます。（大厩）

9 世界の原初的な素材としての純粋経験

私のテーゼはこうである。もしわれわれが、世界のうちにはただひとつの原初的な素材あるいは材料のみが存在し、この素材からすべてのものが構成されるという仮定から出発するならば、そして、もしこの素材を「純粋経験」と呼ぶとすれば、そのとき、認識するという作用は、純粋経験の諸部分が結びうる特殊な種類の相互関係として容易に説明できるだろう。

（『根本的経験論』）

ことば8では、未分節の混沌とした経験が「純粋経験」と呼ばれていましたが、純粋経験にはもうひとつ別の側面があります。それがここで述べられている世界の素材という側面です。むしろ、混沌とした純粋経験が生まれることができるのは、素材としての純粋経験があるからだという意味で、後者は前者の基盤だと言えます。言い換えれば、混沌とした純粋経験は何らかの主体に受け取られるわけですが、その主体も、受け取られる純粋経験も、ともに素材としての純粋経験からできているということです。

ところで、さきほどの解説のなかで、純粋経験に「概念・言葉をあてがう」と言いました。このように言うと、ちょうど紙に書かれた線の長さを測るために定規をあてがうのと同じように、何者かが純粋経験の外側にいて、それが純粋経験に概念をあてがうというイメージが浮かんでくるかもしれません。けれども、これはまったくの間違いです。素材としての純粋経験に「その外側」というものはありません。この世界はどこもかしこも純粋経験という素材でできており、その点では私たち人間も、動物や植物も、石などの無機物も同じです。たくさんの純粋経験が互いに結びついたり、反発したり、変化を与えあったりするなかで日常的な分節がなされた経験が立ち現われます。私たち人間が現にあるようなあり方をしているのも、素材としての純粋経験のこのような結びつきの結果なのです（もっともジェイムズは、この結合過程の詳細を述べていませんが）。だから、哲学の歴史で長く問われ続けてきた、知るものと知られるもの（認識主観と認識対象）という区別も、純粋経験同士の関係のひとつにすぎないことになります。

このように、純粋経験は文字通りすべてのものの素材です。素材の段階では、心的／物的、主観的／客観的という対立はまだ存在していません。心と物質とを鋭く対立させ、架橋不可能な断絶を持ち込むデカルト的な二元論を拒否し、主客中立の素材からこの世界のあり方を解明しようとするのが、ジェイムズの純粋経験論なのです。

けれども、純粋経験の素材としての側面と、前の「ことば」で見られた知覚の原初的段階としての側面とは非常に異なっているように思われます。これらがはたして両立するものなのか、どのように関係するのかといった問題は非常に重要で、研究者のあいだでも解釈が分かれている論点ですので、詳しく知りたい方はぜひ巻末の文献案内をご覧ください。（大厩）

コラム1　ジェイムズが生きた時代と米国社会

ウィリアム・ジェイムズは、米国を代表する哲学者の一人であり、プラグマティズムの創始と普及において中心的な役割を果たした――ここまでは、本書を手に取ってくださった方の多くはすでにご存じだろうと思います（もちろん「はじめて知った！」という方でも本書は読めるはずですのでご安心ください）。では、みなさんはプラグマティズムに関してどのようなイメージをお持ちでしょうか？

たとえば、英国の哲学者バートランド・ラッセルは、一九〇九年に発表した長文の書評の結論部分でこんなことを述べています。「プラグマティズムに魅力を感じるのは、以下の傾向が当てはまるような心の持ち主である。〔…〕進歩を確信しており、人間の力には非人間的な制約が課せられていることに気づいていない。自分が勝利することを疑っていないがゆえに、リスクなどお構いなしにつねに争いを好む。宗教を欲しているけれども、それを鉄道や電灯のようなものとして——すなわち〔…〕現世のことがらへの慰めないしは手助けとして——捉えている」[1]。この書評で俎上に載せられているのは、プラグマティズム関連の哲学書六冊で、そのうち二冊——『信じる意志』（一八九七）と『プラグマティズム』（一九〇七）——がジェイムズの著書です。

ラッセルがここで挙げているもろもろの傾向は、少なくともジェイムズ自身にはまったく当てはまりません。そのことは、本書に収められた「ことば」の解説をいくつかお読みいただければすぐに伝わるはずです。この引用が描き出しているのは、横柄な態度で現世的な利益を追求してばかりいる成金のようなイメージであり、あたかも「プラグマティズムは成金の哲学だ」と言っているかのようです。なんて乱暴なイメージ！——と憤ることもできるのですが、しかしおそらく、読者のなかには、「成金」とまでは言わないにせよ、プラグマティズムに関して「ビジネスの国で生まれた実用的な哲学」というイメージを抱いていらっしゃる方も多いのではないでしょうか？

たしかに、一八四二年生まれのジェイムズが二〇代後半に差しかかったころ、米国社会はまさに、「金ぴか時代」（the Gilded Age）と呼ばれる飛躍的な経済成長の時期へ突入しつつありました。すなわち、一八六一年から四年間続いた南北戦争もどうにか終結し、一八六九年に大陸横断鉄道が開通したことで、米国はいよいよ産業化と都市化のプロセスを一気に加速させはじめたのです。そして一八九〇年には、ついに英国を抜いて世界一の工業国となるに至っています。鉄鋼王のアンドリュー・カーネギーや石油王のジョン・D・ロックフェラーといった、大富豪の代名詞とも言うべき人々がのしあがっていったのもこの時期なのですが、じつはカーネギーは一八三五年生まれ、ロックフェラーは三九年生まれですから、彼らはジェイムズとほぼ同世代です。

以上のことを踏まえたうえでさきほどの引用を再読すると、ラッセルがそこで、プラグマティズムというよりはむしろ米国社会に対するみずからのイメージを述べているようにも思えてきます。また、ジェイムズの『プラグマティズム』には「その真理は、われわれの経験に照らしたときにどれほどのキャッシュヴァリューを持っているのか？」というなかなか挑発的な言葉遣いも見られるので、(2) ここだけに注目すれば、プラグマティズムを金ぴか時代の産物と見なしたくなる気持ちもわからなくはありません。

本書の目標のひとつは、ジェイムズの哲学がどれほど私たちの生活に役立つものであるかをなるべく多くの方々に知っていただくことにあります。したがって、「ビジネスの国で生まれた実用的な哲学」というプラグマティズムのイメージを本書が否定しているわけではありません。しかしそれでも、やはり、ラッセルの安易な結論に対してはふたつの側面から批判しなくてはなりません。第一に、彼はジェイムズの哲学の内容を誤解しています。具体的にどう誤解しているのかを詳しく説明することはここではできませんが、ぜひ本書に収めた「ことば」と解説をお読みいただき、実際のジェイムズの哲学がどのようなものであるかを知っていただければと思います。

ラッセルの結論の第二の問題は、かりに、彼がそこで金ぴか時代の米国社会のイメージを述べているのだとしても、そもそもジェイムズが『プラグマティズム』を執筆していたころには金ぴか時代はすでに終わっていた――ゆえに「金ぴか時代の産物」という理解はあまりに大ざっぱである――ということです。一九世紀末から二〇世紀初めにかけての世紀転換期の米国を指すためにかわりによく用いられるのは、「革新主義の時代」（the Progressive Era）という呼び方です。ここで言う「革新主義」とは、専門家が主導する改革によって社会を合理的かつ道徳的な方向へ発展させようとする運動の総称です。すなわち、世紀転換期には、「金ぴか」なイメージの背後で不正をはびこらせてきた米国社会の現実に対する自己批判的な意識が前面に出はじめていたわけです。

ジェイムズが生きた時代をより正確に把握することは、彼の思想の理解を深めることにもつながります。もっとも、その作業を本格的におこなうには新たに本を一冊書かなくてはならないのですが、続くコラム2と3では、こんなふうに時代背景に注意を払いつつ、しかしなるべく手短に、ジェイムズの生涯を辿ってみることにしましょう。（入江）

□注

（1）Bertrand Russell, "Pragmatism," in *The Collected Papers of Bertrand Russell*, vol. 6, *Logical and Philosophical Papers, 1909–13*, ed. John G. Slater (London: Routledge, 1992), 284.

（2）P, 97／邦訳、二〇〇頁。ジェイムズの著作から引用する際の出典の表記法に関しては、巻末の「原文一覧」をご参照ください。

第二章　世界のなかの「私」——「心」を哲学する

10

意識は流れるもの

意識というものは、断片的に細切れで現われるものではない。意識が最初の段階において現われる様を描写するには「鎖」とか「連結」という言葉ではしっくりこない。意識はつながれているのではない。流れているのだ。それを記述する最も自然な比喩は「川」や「流れ」である。今後意識のことを語る際には、これを思考もしくは意識の流れ、あるいは主観的生の流れと呼ぶことにしよう。

（『心理学』）

心のなかにある明確な心像はすべて、その周囲を流れる自由な水に浸かっており、染められている。そうした心像には、その遠近種々なる関係の感じ、過ぎ来し方の余韻、行方の明け行く感じが伴い行く。

（同右）

ジェイムズの主著『心理学原理』は上下巻合わせて一三〇〇頁を超える大著で、出版社との契約から一二年という長い年月をかけて書かれました。これは心理学の歴史のなかで文字通り画期的な書物であり、包括的で独自の内容と精彩に富んだ筆致によって当時の哲学界、心理学界から絶賛されました。

とりわけ斬新だったのが「意識の流れ」(stream of consciousness)という洞察です。この「ことば」にある、明確な心像の周囲を流れる「自由な水」や「関係の感じ」といった表現はこの「流れ」を指しています(ここで「自由な」水とジェイムズが言っているのは、たとえば花瓶や水槽のなかの水とは異なり、「流れる」水であるということを強調するためです)。ジェイムズによれば、従来の心理学は、心のなかの現象を個々別々の心像や観念と見なし、それらのあいだのつながりや、心像そのものに備わる広がり、周辺部を見落としてきました。しかし、私たちの経験を真摯に見つめなおせば、そこに明確な境界などありません。ある経験にほかの経験が入り込み、多くの経験が分かちがたく結びつき、連続しながら変化していきます。ジェイムズはこのような意識のあり方を「流れ」と表現したのです。(なお、右の「ことば」は、『心理学原理』を教科書として使いやすいように短縮して一八九二年に出版された『心理学』から引用しました。)

たとえば友人の話を聞いている場面を考えてみると、私たちは相手の言葉や声の抑揚から次に来るものを漠然と予想し、はっきりとはしていないけれども何かがやってきそうだという感じを持ちます。そして、実際に発せられた言葉が予想通りのものだった場合には「やっぱりそうか」という調和の感じが生まれますし、意外なものだった場合は驚きます。また、自分が考えたり話したりするときにも、私たちは自分の思考がどこへ向かっているのかをつねに意識しています（自分で何を話したかったのかわからなくなって、思考の迷子になることもしばしばですが）。

このように私たちの具体的経験においては、さまざまな内容が重なりあっています。私たちの意識には、比較的はっきりした部分（友人や自分の声）と、不鮮明にそれを取り囲むもの（予想される話の内容や議論の方向）があります。後者が「縁暈《えんうん》」（fringe）――「辺縁《へんえん》」と訳されることもあります――とか「光背《こうはい》」（halo）、「半影《はんえい》」（penumbra）と呼ばれ、意識の流れの大部分をなしているものです。意識のこうしたあり方を忠実に観察し描き出すのが、ジェイムズ心理学の特徴のひとつなのです。

意識の流れという発想は、フッサール現象学における「地平」概念の成立に影響を与え、また、文学にも転用され、移ろい続ける主観的な思考や感覚を、注釈を加えずに記述していく手法として、英国の小説家であるジェイムズ・ジョイスやヴァージニア・ウルフなどによって用いられるなど、多くの注目を集めました。（大概）

11

自然とは過剰を表す名前にほかならない

自然とは過剰を表す名前にほかならない。自然の内なるどの点も外へと開け、より以上のものへと流れ込む。われわれ各人のうちにあって今直接に現前している内的生の脈動は、ほんの小さな過去でありほんの小さな未来であり、また、われわれ自身の身体についてのほんの小さな意識、お互いの人格についての小さな意識である。あなたの内的生の脈動は、いかにぼんやりと潜在意識的にであれ、これらすべてのものを感じているのであって、この脈動は一切のものと連続し、互いに帰属しあっている。

（『多元的宇宙』）

ここでは、世界全体・実在全体についてのジェイムズの見方が述べられています。この世界は、つねにみずからを更新し続けます。その運動が止まることはありません。だから、この実在の一部である私たちが経験する今・ここの「脈動」、生の一瞬一瞬には、それ以上の時間的・空間的広がりがつねに伴っています。ジェイムズの論敵であるイギリス観念論者たちは、ひとつひとつの経験を互いに孤立し、関係しあわないものとして扱い、それらを関係づけるために絶対的な精神という奇妙な存在を持ち出します。しかし、私たちの経験、あるいはこの宇宙そのものは、彼らが言うような断片的なものではないとジェイムズは述べます。それぞれの経験の焦点に収まるものは、たしかに少ないかもしれません。けれども、その周囲の潜在意識の領域では、ほかのすべてのものがぼんやりとしたかたちで感じられており、それらは相互につながりあっています。宇宙全体という広大な背景のなかで、図として浮かび上がっているのが現在の経験なのです。

この「ことば」は『多元的宇宙』（一九〇九）からのものですが、ここで描かれる実在の性格は、ことば10で述べられた『心理学原理』（一八九〇）の「意識の流れ」が持つ特徴と酷似しています。このことは、ふたつの著作のあいだにあるジェイムズの思想的発展を理解するうえで重要です。つまり、まず『心理学原理』において、私たちに直接与えられたものが意識の流れとして記述されました。ここでは、流動性や連続性といった特徴が、世界を経験する個人の意識のあり方として描かれていました。その後ジェイムズは、この議論の射程を実在全体にまで拡張することによって、連続的に流れるという特徴が、個人の意識を超えて、実在そのものにも適用されるに至ったのです。

それでは、流動する実在というジェイムズの後期思想のなかで、ことば8と9で見られた純粋経験はどこに位置するのでしょうか。不思議なことに、ジェイムズは『多元的宇宙』やそのあとに書かれた『哲学の諸問題』などの晩年の著作で「純粋経験」という言葉を使わなくなります。これは何を意味するのでしょうか。一方で、物心中立の純粋経験があるという考えをジェイムズが支持していたのは特定の時期（一九〇三～五）だけであり、その後はこの概念を捨てたとする解釈があります。この場合、晩年に展開される「流動する実在」はもはや素材としての純粋経験ではなく、意識のあり方に類比的な、心的な性格を帯びることになります（このような考えは汎心論と呼ばれます。世界が心的特徴を持った存在者から構成されていると考えるからです）。他方で、たしかに「純粋経験」という言葉は使われなくなったが、根本にある発想は変わっていないとする解釈もあり、研究者のあいだで意見が分かれています。いずれにしても、前期の心理学と後期の形而上学とがどのように関係しているのかという問題は、ジェイムズ哲学を理解するうえで非常に興味深い論点だと言えます。（大厩）

12

人間を動物から区別するのはその主観的性癖の豊かさ

人間を動物から区別する主な違いは、人間の主観的性癖のほうが法外に豊かだということである。つまり、もっぱら数と、物理的、道徳的、審美的、知的欲望といった空想的で不必要な性質とにおいて優っているという点で、人間と動物は区別されるばかりである。

（『信じる意志』）

これは、一八八一年に書かれた「反射作用と有神論」という比較的初期の論文の一節です。人間の「欲望」が動物に比べてはるかに豊かであり、そのことが人間と動物との大きな違いだと述べられています。以下の解説では、そのような欲望を抱く人間の「心」というものをジェイムズがどのように捉えていたかを見ていきましょう。

一般に生き物は、私たち人間も含め、その時々の目的や興味関心に沿って、感覚に与えられる多様な経験を切り取り、整理します。聞こえてくる声のトーン、部屋の明るさ、風のざわめき、時計の秒針の音、たまたま浮かんでくる考え、心臓の鼓動といったもろもろの経験は、心によって働きかけられなければたんなるごたまぜでしょう。心の働きかけとは特定の目的や関心を経験にあてがうということで、そうすることによって経験の雑多な寄せ集めを分類、結合し、思い通りのかたちに変えます。ちょうど彫刻家がノミをふるって大理石から彫像を掘り出すようにして経験を作りかえるのが、心の主要な働きなのです（このようなごたまぜは、ことば7で述べられていた混沌としての純粋経験につながっていくものと見なすこともできるでしょう）。

このようにジェイムズは、そのつどの特定の目的と結びつけて生き物の心というものを考えます。目的が異なれば同じ状況でも違って見えます。コンビニに入っても、今日の夕飯を買うためなのか、お金をおろすためなのか、時間をつぶすためなのかによって、店内の情景には異なる重みづけがなされます。弁当を買うことが目的であれば雑誌コーナーにはほとんど注意を払いませんが、暇つぶしという目的にとっては雑誌コーナーにたくさん人がいれば非常に残念です（立ち読みできない！）。少しおおげさな言い方をすれば、私たちの経験する世界は、心が設定する目的に応じて異なった仕方で組織化されるのです。

しかも、人間の心が経験に対して押しつける目的や関心は、動物とは異なり実に多様です。生きるという目的だけでなく、スポーツやゲームによって得られる興奮や楽しさ、芸術作品がもたらす感動、他人への愛情や嫌悪、宗教的情緒が与えてくれる安息など、どれをとっても経験のあり方を大きく左右するものです。生存という目的はそのなかで大きなウェイトを占めるかもしれませんが、あくまでもたくさんある目的のうちのひとつであり、絶対的なものではありません。同様に、利害を離れた知識や思考の一貫性に対する愛着というのも、私たちの目的のひとつにすぎません。どれかひとつの目的だけを偏愛し、ほかの目的を押しつぶしてしまうことは、一面的で狭量な態度であり、人間性の抑圧にほかならないとジェイムズは述べます。むしろ、もろもろの目的のあいだを調和させる努力こそ、私たちのなすべきことなのです。

以上のような心の目的論的な捉え方は、ジェイムズの最初期の論文「スペンサーの心の定義についての意見」（一八七八）から、後年の『プラグマティズム』（一九〇七）の世界観、真理観に至るまで一貫して見られます。（大厩）

13 最も完全な意味での実在としてのプライベートな現象

われわれが宇宙的なものや普遍的なものを扱っているあいだは、われわれは実在の象徴を扱っているにすぎない。しかし、われわれがプライベートな、パーソナルな現象をそれ自体として扱うや否や、われわれは最も完全な意味での実在を扱うことになるのである。

（『宗教的経験の諸相』）

実在の軸は自己中心的な場所しか通過しない。このような自己中心的な場所は、まるで数珠玉のように、この軸に数珠つなぎにされている。

（同右）

ジェイムズはさまざまな主題に関して、個人の経験が何にもまして重要だと述べています。たとえば、ひとつの哲学説が個人のものの考え方、感じ方に大きく依存すると述べたり（ことば1参照）、ことば20で見るように、宗教の原型を個人の経験に求めたり、さらには倫理や道徳に関してもその姿勢は一貫しています（ことば21、41、49参照）。この世界の現象の謎を解き明かす鍵は、形式や制度、抽象的な原理ではなく、個別的なもの、具体的なものだとジェイムズは考えているのです。ごくふつうの意味での個人的な出来事も、神のようなものとの交流といった非日常的な体験も、どちらも「プライベートな、パーソナルな現象」を通して理解されるしかありません。だから、この現象を扱うことは、とりもなおさず「最も完全な意味での実在」を扱うことになります。一般に、具体から出発してそこへ戻ってくるのがジェイムズ哲学の特徴であり、基本姿勢だと言えます。

とはいえ、ジェイムズが「個人」を重視した、というときには注意が必要です。ジェイムズは個人というものを、周囲から独立し確固とした枠を持つような存在者としては考えていないからです。ジェイムズは個人の背後に、それを包み込む大きな意識があると言います。これは「より以上のもの」（a more）と呼ばれ、神とも同一視されます（このことは『諸相』の第二〇講と後記、さらに『多元的宇宙』第八講で詳しく述べられています）。個人は、この「より以上のもの」の一部なのです。たしかに私たちは普段、「より以上のもの」との連続を意識していません。しかし、ジェイムズによれば、それはいわば水門がしっかりと閉じているからであって、何かのきっかけで水位が上がったり水門が開いたりすると、「より以上のもの」との交流が直接に感じられるようになります。これが宗教的な救いの経験だとジェイムズは考えます。

このようにジェイムズ哲学は、個別、具体的であると同時に広大な意識の一部でもあるという二面性を孕んだ「個人」に焦点を当てて展開されているのです。（大厩）

14

合理主義が説明できる領域は比較的表面的な部分だけ

私たち人間の心に関わる生活全体をあるがままに考察してみると、そうした心的生活のうち合理主義が説明できる領域は比較的表面的な部分でしかないことを認めなければならない。

（『宗教的経験の諸相』）

ジェイムズはこの「ことば」の直前の箇所で、「自分より大きな何ものか」への「感じ」というものは、人々を宗教的に信服させずにはおかないということを指摘しています。「自分より大きな何ものか」とは曖昧ですが、それはたとえば「運命」のようなものであってもよいでしょう。また、私たちは困ったときや心配事が起こったときなどに「お願い」や「お祈り」をしますが、そのときのことを考えればわかりやすいかもしれません。そうした「お願い」や「お祈り」の向かうさきが「自分より大きな何ものか」なのです。合理的なものの考え方だけでは、「自分より大きな何ものか」を「感じ」ることやそうした「感じ」が日常生活のなかに影響を与えていることをうまく理解できない、ということをジェイムズはこの「ことば」で主張しているというわけです（「ことば」のなかに出てくる「合理主義」は特定の哲学的立場ですが、ここではその解説は省略します）。

そして、こうした考えには夏目漱石も賛同していました。ことば22の解説においても類似した点を指摘していますが、ここではそこで紹介されるものとは別のポイントを紹介しておきましょう。漱石は以下のようなメモを残しています。「James ノ mysticism ヲ見ヨ．logic ハ convince シ convert シ得ズ　故ニ powerful ナラズト云フナリ．コハ何人モ認ムル所ナリ」と。ここで言われている「mysticism」は神秘主義のことで、神や絶対者といったものの存在そのものを「感じ」ようとする立場のことです。「logic ハ convince シ convert シ得ズ　故ニ powerful ナラズト云フナリ」というのは、論理によって人を説得したり改宗させたりすることはできない、だから論理というのは必ずしもつねに力強いものであるとは言えない、ということです。

人が必ずしも論理によって説得されるわけではないことは、私たちが日々経験していることではないでしょうか。たとえば、論理的に考えるとこの人と付きあっていても幸せにならないと思っても、だからといってその付きあいをすんなりやめることのできる人は少ないでしょう。

こうしたことを踏まえて、漱石は「感じ」や「情緒」といったものを重要視していました。

人間の情緒を描き、読者に影響を与えることが「文学者の理想」であったのですが（漱石の『文学論』や「文芸上の哲学的基礎」参照）、そうした主張を支える背景にあったのは、こうしたジェイムズ流の「感じ」を重視する議論だったと言えるのではないでしょうか。（岩下）

（なお岩下担当の解説ではこのようにしばしば夏目漱石との比較が紹介されます。詳しい事情については本書「はじめに」をご覧ください。）

15

人間の心が持つ最もありふれた欠点

人間の心が持つ最もありふれた欠点は、すべてのものを黒か白かに割り切ってみようという傾向、すなわち、中間段階を見分けることができないということにある。

(『多元的宇宙』)

これは『多元的宇宙』のなかに出てくる「ことば」で、ジェイムズの思想全体にとっても非常に重要な箇所です。この「ことば」では極端なことしか考えない、「すべてのものを黒か白かに割り切ってみよう」とする人々が批判されています。

「中間段階」を見分けることができないのは、ものごとを大雑把に分類・整理する癖のある人や、少ない事例からすぐに一般化をしてしまうような人が犯す間違いのひとつでしょう。あるいは、よく巷で目にする『〇〇の法則』『××の秘訣』といった題名の一般書やテレビ番組、ラジオ番組などもこうした間違いを犯してしまっていることがあります。こうした人々は「中間段階を見分けること」ができていないことが往々にしてあるのです。

ここでは書籍の例で考えてみましょう。たとえば恋を成就させるための「恋愛の法則」についての本があるとしましょう。そこでは、「医者と付きあうには」「大学教授と付きあうには」「マスコミで働く人と付きあうには」といった具合に場合分けされて、それぞれに合わせたおすすめの服装、話し方、趣味の作り方などが書いてあったとします。大学教授と付きあうには本を沢山読みましょうといった具合に。しかし、そもそもこうした法則はあくまでなるべく多くの人に当てはまりそうな一般化がなされたものであり、当然私たち一人ひとりが体験する恋愛にぴったりと当てはまるわけではありません。仮に実際のところ多くの大学教授が、本を読む人と恋愛をする傾向があったとしましょう。しかし、これは「本を読む人が好き」で「本を読まない人が嫌い」といった白黒はっきりした話ではありません。大学教授のなかには「確かに本を読まないよりはよいが読みすぎる人とは恋愛をしたくない」という人もいるかもしれないのです。こうした「中間段階」というのは大雑把な法則の下では往々にして見逃されてしまいます。

ジェイムズは、私たち個人個人が生きる現実を複雑で厚みのあるものだと捉えていました。その考えが彼の哲学や心理学の基本にあります。この人生の複雑さをついつい忘れてしまう私たちを戒めてくれるのがこの「ことば」なのです。

そして、このジェイムズの現実に対する基本的な捉え方は夏目漱石のそれと共通していました。漱石の小説には簡単にまとめることのできない現実や人生の困難がよく描かれていますし、評論「創作家の態度」や「イズムの功過」などではまさにこの「ことば」と関連する内容が論じられてもいます。（岩下）

16

理論化しようとする心が持つ単純化しすぎる傾向

理論化しようとする心は、その材料をあまりにも単純にしすぎる傾向がある。この傾向が、哲学と宗教のなかにはびこっているあらゆる絶対主義や偏狭な独断論の根源なのである。

（『宗教的経験の諸相』）

これは『諸相』に出てくる「ことば」であり、人が抽象的な言葉を使って何かを理論化する際に過度な単純化がなされやすいことへの危惧の念が表明されています。とりわけ哲学や宗教が論じられるときには、論じる対象をみずからの都合の良いように変えることで、自身の価値観や立場の絶対的な正しさを主張する人々がいますが、そうした人々がここでは批判されているのです。

ところでジェイムズはここで抽象的な哲学や宗教に焦点を当てていますが、この問題は私たちの日常生活にも大きく関係しています。この「ことば」をさらに理解するためにも日常的な事例で考えてみましょう。

たとえば、私たちは「日本人」や「中国人」とか「米国人」といった言葉をふつうに用いています。そもそも現代において誰が「日本人」で誰が「中国人」で誰が「米国人」なのかという大きな問題もありますが、今はおいておきましょう。ここで問題にしたいのは、「日本人」とか「中国人」、「米国人」といって何かを「理論化」しようとするときに、その「材料があまりにも単純に」されてしまうことがありうるということです。理論化というのは大げさなので、ここでは一般化と考えておけばよいでしょう。

「日本人は礼儀正しい」とか「日本人は消極的だ」などという一般化はきわめて日常的になされていて、私たちはそうした表現を目にします。しかし、当然この一般化に当てはまらない日本人もいるわけです。そんなことはわかっている、という人も多いと思います。しかし、一方で日常において平気で「日本人のわりに○○だ」とか「日本人のくせに◇◇だ」などという表現を用いている人もいるのではないでしょうか。また、「海外では△△なのに、日本は▽▽だ」のような表現も目にしますが、そもそもここで言う「海外」とは何なのでしょうか。ジェイムズの「ことば」では過度な単純化が批判されていますが、ここで言う「海外」も過度に単純化されたもの（海外とは日本以外のすべてを指すはずなのに、自分の知っている国の事例だけを指すなど）

になってはいないでしょうか。

もちろん、理論化や一般化というのは非常に有益なもので、私たちがその恩恵を被っていることは疑い得ないでしょう。しかしながら、こうした理論化や一般化の持つ絶大な力のために本来複雑な現実や人間のあり方（ジェイムズの「ことば」で言うところの「材料」）を見誤って、正しくない判断をしてしまうことも事実です。こうした状況に警鐘を鳴らしているのがこのジェイムズの「ことば」なのです。（岩下）

17

恋の相手は恋する者の心につねに影響を与えている

恋する人は、何かほかのことに注意を払っていて恋する相手の顔を想像しないときでも、自分の崇拝する相手がたえずそばにいるという感じを持っている。恋の相手は恋する者の心につねに、至るところで影響を与えているのである。

（『宗教的経験の諸相』）

私たち人間は目の前に存在しないものを「感じる」ことがあり、しかもその「感じ」が日常生活に及ぼす影響はけっして小さなものではない。この「ことば」はそうした事実の例として書かれたものです。こうした心の働きは、当時の心理学において中心的に扱われることの少なかった現象ですが、私たちが日常確実に経験していると考えられるべきものです。このように、意識しないと気づかれないけれど、じつは生活のなかで大きな役割を果たしている心の作用に注目するのがジェイムズの特徴です。

実際私たちの心は複雑で、いっけん単純に思われる知覚（机の上にりんごが見える、雷が鳴っているのが聞こえる）や感覚（耳がかゆい、足が痛い）も、自分が持っている興味関心や先入観、予期、心構えといったもの（こうしたものをジェイムズは「縁暈」などと呼びます。詳しくはことば10の解説を参照してください）に影響されているのです。だから、「人間の心ってなんだろう」とか「他人の心を理解するにはどうしたらいいのだろう」ということが気になっている人は、そうしたものすべてを考慮に入れる必要があるのです。

ここでもう少し心の複雑さということについて考えてみましょう。たとえば「考える」という心の働きがあります。ジェイムズはこの「考える」という過程は、一般に思われているのと違って、たんに机に座って勉強しているときのように短い時間のあいだのみ生じるのではなく、数週間から数ヶ月続くということもあるのだと言っています。この「考える」という働きは、じつは私たちの心をたえず動かしているのです。

どういうことでしょうか。具体例で考えてみましょう。夕食のメニューを朝「考えた」けれど、決まらなかった人がいたとします。そして、その人が昼に何気なくスマートフォンでネットサーフィンをしていたときに、美味しそうなレシピに出会って、夕食のメニューを決めることができたとしましょう。このとき、その人は昼間の時点においても夕食のメニューを「考え」ていたと言えるのです。と言いますのも、もしそうした「考え」が背後になかったら、何気なく見ていたインターネットにあったレシピの情報に気を留めることもなかったはずだからです。

このように心というものは私たちが思っているよりもはるかに複雑で、いろいろな機能を持っているのだということは、ジェイムズが繰り返し主張していることのひとつです。（岩下）

コラム2　ジェイムズの前半生とハーヴァード大学

ジェイムズは一八四二年一月一一日にニューヨークに生まれました。彼の家庭環境について調べるとまず驚かされるのは、ジェイムズ家の家系図には「ウィリアム」と「ヘンリー」というふたつのファーストネームが実に頻繁に現われるということです。ジェイムズの祖父はウィリアム、父はヘンリー、本人はウィリアム、一歳下の弟はヘンリー、長男もヘンリー、次男はウィリアム……と、家系図を描いているとオセロをプレイしているような気分になります。また、ジェイムズにはアリスという六歳下の妹がいるのですが、一八七八年にジェイムズが結婚した相手の名前はアリス・ハウ・ギベンズで、つまり「アリス」も反復しています。

祖父ウィリアムは、一七八九年、一八歳のときにアイルランドから米国へ移住し、ビジネスマンとしての才能を発揮してニューヨーク州でも指折りの素封家にまで登りつめました。それとは対照的に、ジェイムズの父ヘンリーは、もっぱら親からの遺産に頼って暮らしており定職には就きませんでした。彼の旺盛な（しかし同時に移り気な）エネルギーは、ビジネスではなく、エマヌエル・スヴェーデンボリという神学者の宗教思想などについての著述と、子どもたちの教育とに向けられていたのです。かくして、米国の教育環境に不満を覚えていた父の意向により、ジェイムズは一三歳から一八歳までのあいだ（約一年間の帰国を挿みつつ）ヨーロッパ各地を転々としながらマルチリンガルな環境のなかで教育を受けることになります。

一家は一八六〇年に米国へ戻り、ロードアイランド州のニューポートに家を借りました。近所にはウィリアム・モリス・ハントという画家が住んでいて、ジェイムズは彼のアトリエにほぼ毎日通うようになり、絵の修業に明け暮れます。一八歳のジェイムズは、科学者になってほしいという父の期待とは裏腹に、画家を志していたわけです。しかし翌年には、彼は絵の道を諦め、ハーヴァード大学付設のローレンス・サイエンティフィック・スクールへ進学しました。

ここまでのジェイムズの歩みにもさまざまなドラマがあるのですが、このコラムではとくに、思想史的に重要なトピックとして、チャールズ・ウィリアム・エリオットという人物との関係に焦点を据えてみましょう。ジェイムズはローレンス・サイエンティフィック・スクールにおいて、同校の助教授を務めていた七歳年上のエリオットと出会い、彼のもとで化学を学びました。エリオットはその後、一八六九年に三五歳という若さでハーヴァードの学長に就任し、一九〇九年まで四〇年もの長きにわたってその地位を占め続けることになります。他方でジェイムズは、ドイツへの留学を経て一八六九年にハーヴァードから医学博士の学位を授与され、一八七三年から母校の教壇に立ちはじめ、結局一九〇七年に教授を退任するまでハーヴァードに奉職し続けました。すなわち、ジェイムズにとってエリオットは、最も付きあいの長い上司なのです。

　エリオット学長が四〇年間の任期を通しておこなったのは、ハーヴァードの規模を拡大し、営みを専門職化《プロフェッショナライズ》し、組織を近代化することでした。彼の任期の最初と最後の年度を比較すると、ハーヴァードの教員数は四四人から二三九人へ、学生数は一〇三二人から三六九二人へと変化しています(1)。また、エリオットに関してよく知られているのは、彼がハーヴァードのカリキュラムから必修科目をほとんど一掃し、かわりに選択科目のレパートリーを大幅に増やしたことです。彼の学長就任以前には、たとえば哲学系の科目はフランシス・ボーエンという教授がほとんど一人で教えていました。哲学系の科目をより細分化し、内容の専門性を高めるには、まずボーエンによるワンマン体制を終わらせなくてはならず、エリオットはこれを容赦なく実行しました。かくしてハーヴァードの哲学科は、エリオット学長の在任中に強力な新体制を築いたことで国際的な威信を一気に高めたのですが、彼が下した哲学科の人事に関する決定の多くは、じつはジェイムズの意見を反映したものでした。

以上の変化は、しばしば「ジェネラリズムからプロフェッショナリズムへ」という図式によって要約されます。たしかにボーエンは、哲学を教えるかたわらで、経済学（当時の呼び方は「政治経済」）の本をいくつも著したりウェルギリウスの詩を編纂したりアレクシ・ド・トクヴィルの『アメリカのデモクラシー』（一八三五～四〇）をフランス語から翻訳したりといった万能家《ジェネラリスト》ぶりを発揮していました。しかし、プロフェッショナルの学者になるには、せめて哲学か経済学のどちらかに専門を絞るべきであって、好奇心の赴くままに手を出しているうちはいつまでもアマチュアのままである――さきの図式はこうした判断を含意しています。

ところが、ハーヴァードにおけるジェイムズのキャリアは、この図式にうまく当てはめることができません。これは主に彼の後半生に関わることなので、詳しくは次のコラム3で述べますが、じつはヒントはすでに示されています。先述の通り、一八六九年にジェイムズが授与された学位は医学博士（ＭＤ）であり、哲学博士（PhD）ではありません。これはそれまで彼がおこなってきた生理学の研究に基づくものので、事実、エリオットの依頼を受けて彼が最初に受けもったのも生理学の授業でした。すなわち、ジェイムズのキャリアの特異さは、生理学から哲学へというかたちで異分野間を渡り歩いた点ではジェネラリスト的でありながら、ハーヴァードのほかの学科と同様にプロフェッショナライズされつつあった哲学科において頂点まできっちり登りつめてもいるところにこそあるのです。その道筋はいったいどのようなものだったのでしょうか？（入江）

□注

（1）この数値は以下に記載されたデータに基づいています。Samuel Eliot Morison, *Three Centuries of Harvard, 1636–1936* (Cambridge, MA : Harvard University Press, 1936), 490. 同書には、たとえばハーヴァード大学付設の女子校であるラドクリフ・カレッジの学生数は記載されていないため、ここに挙げた数値は厳密な総数ではないことにご注意ください。

第三章　宗教的なるもの——ジェイムズの宗教哲学

18

以前の世俗的自己とは決定的に違った存在となること

宗教を自己の人格的エネルギーの中心として生き、精神的な感動によって行動するようになった者は、以前の世俗的自己とは決定的に違った存在であると言える。

(『宗教的経験の諸相』)

「自分は宗教には関心がないから、この「ことば」は自分に関係がない」と思った方もいらっしゃるかと思います。しかし、ここでジェイムズが言っていることは必ずしも宗教に深く関わっている人だけに関係するわけではなく、私たちの日常生活とも関係があるのです。以下ではそれがどういう意味なのかも含めて解説していきたいと思います。

まずこの「ことば」が書かれている文脈を確認しておきましょう。この「ことば」の前後では、宗教的な状態があるとすればその特徴はどのようなものかということが記述されています。ジェイムズによれば、その状態の原型は必ずしも宗教的ではない身近な出来事によっても引き起こされるというのです。

たとえば、小説を読んだり映画やテレビドラマを見たりして非常に感動したときのことを思い出してください。小説も映画もテレビも見ないという方は、自分、あるいは家族や親友の結婚式や出産などの感動的なイベントを思い出してみてください。そのときに何か「ほろりとする気持ち」(melting moods)になったことのある人は多いのではないでしょうか。こうした「ほろりとする気持ち」のときに、私たちの心は和らぎ、おおらかになり、普段は拒絶したり、嫌いだったりするものも受け入れようとすることができるようになるのです。それがジェイムズの言う宗教的な状態の原型です。そうしたときにわれわれの「心」は変わり、そうした感動によって行動する者は以前の「世俗的自己」(carnal self)とは異なった存在になることができるのです。

実際に宗教を信じるかどうかは別にしても、こうした心持ちのときに、私たちは寛大になることができます。もちろん、こうした経験は頻繁にあるわけではないし、(宗教に深く関わる場合を除いて)その効果も永続的なものではありません。しかし、日々の仕事や雑事に追われ心が「固まって」しまっている私たちには、仮に一瞬のことであっても、こうした経験が必要だということは間違いないでしょう。(岩下)

19

宗教的生活は人類の最も重要な営み

私が自分に課した問題は困難なものです。第一には、「哲学」に反対して「経験」を弁護し、それが世界の宗教的生活を支える真の土台であると論じること。第二には、聴衆や読者に、私自身がどうしても信じざるをえないことを信じさせることです。すなわち、たとえすべての宗教の特殊な現われ（教条や教理）が不条理なものだったとしても、宗教的生活が、全体として見れば人類の最も重要な営みであることを彼らに信じさせることです。これはほとんど不可能に近い課題ですし、失敗するかもしれません。けれども、やってみるのが私の宗教的な行為なのです。

（「モース宛の手紙」）

この「ことば」は、一九〇〇年四月一三日に友人のフランシス・モースという女性に宛てた手紙の一節で、『宗教的経験の諸相』の目的が述べられています。『諸相』は、ジェイムズがみずからの宗教哲学をはじめてまとまったかたちで公にしたもので、宗教心理学の草分けともなった記念碑的な著作です。英国のエディンバラ大学で一九〇一年から翌年にかけておこなわれた連続講演、「自然宗教のためのギフォード・レクチャー」がもとになっています。ジェイムズは宗教を考察するにあたって、あらかじめ理論や公理を立て、そこから結論を導き出すという方法を取りません。むしろ、さまざまな事例を集め、そこから共通点を見つけ出すという経験的手法を採用します。言い換えれば、人間の経験から独立した特別な神学体系など立てずに、まず事実を収集し、個々の経験に関するもろもろの判断を総合していくなかで、宗教とは何であるかを浮き彫りにしようとするのです。

この著作を書くためにジェイムズが集めた資料は、手紙や日記、アンケート、自伝など、実に多様かつ膨大なものです。また、それらを書いた人も、神学者や哲学者、宗教家だけでなく、小説家、詩人、学生、労働者など多岐にわたります。『諸相』は、このような資料の色彩豊かな引用集でもあるのです。

もともとジェイムズはこの講演で、宗教的体験の事例収集と同時に、それを哲学的に考察し、宗教の本質的要素を取り出そうと考えていました。ジェイムズはこのような試みを「宗教の科学」と呼びます。もちろん、これが非常に困難な課題であることは「ことば」の最後で述べられている通りです。しかし、それでもあえて挑戦するというところにジェイムズの信念論の実践を見ることができます（信念と行為の関係については、ことば42、43、47、55をご覧ください）。

このような大きな目標を掲げて出発したジェイムズでしたが、宗教体験の事例が予想に反して多くなってしまいました。そこで後半の計画を変更し、事実を提示するだけに留めました。そのせいでジェイムズは、『諸相』には「事実があるばかりで、哲学はまったくない！」と友人に自嘲気味に漏らしています。しかし、多様な事例に対する透徹した眼差し、鋭利な分析、潜在意識に関する心理学理論と宗教的経験との斬新な結合などを考慮すれば、『諸相』は、宗教哲学に関する第一級の著作ですし、さらには、人間のあり方の解明（『諸相』のサブタイトルは「人間本性の研究」です）にもつながるものだとも言えるでしょう。（大厩）

20

「宗教」が意味するもの

われわれにとって宗教とは、孤独の状態にある個人が、何であれ神的なものと彼が考えるものと自分が関係していることを感知する場合にのみ生じる諸感情・諸行為・諸経験を意味する。

（『宗教的経験の諸相』）

これは、ジェイムズが『諸相』で扱う宗教というものを暫定的に定義した箇所です。ある人が、自分にとって神的なものだと思える存在と交流しているとき、そこにはその人の宗教があります。あらゆる宗教の原型は、こうした具体的な経験にある。これがジェイムズの考えです。これに対して、制度や儀式、教義といったものは、個人の原初的宗教体験を薄めたものにすぎないとされます。

この定義は、ことば19で述べられた『諸相』の第一の目標を達成するための出発点となるものです。すなわち、理論重視の「哲学」に対抗して、具体的な経験を宗教の真の土台として擁護するためには、宗教を経験に基づいて定義し直すことがぜひとも必要なのです。

また、この定義には、「神」ではなく「神的なもの」(the divine) という表現が用いられています。これによって、一神教の神に限定されない、さまざまな存在者が考察されることになります。実際『諸相』では、仏教や多神教も扱われています。

ところで、一神教に関連して、ジェイムズは全知・全能・最善の唯一神という考えに反対しています。そのような神は私たち人間とあまりにもかけ離れた存在なので親しみが持てないからです(神に対して私たちが抱く親しみを重視するのは、ジェイムズ宗教論の特色のひとつです)。しかも、神が全能で最善だとすると、この世界に起こるもろもろの悪(病気や犯罪、戦争、天変地異など)も神が生み出したことになってしまいます。そのような神の見方に代えてジェイムズが提示するのが、「神は有限だ」という考えです。ジェイムズによれば、神は人間より多くのことを知っているが全知ではない、人間より有能だが全能ではない、善い世界を目指すが最善ではないような存在者です。こうした存在者であれば、私たちの頼りになる協力者になってくれるはずです。私たちがより親しみを覚えるのは、こうした身近な存在のほうだとジェイムズは考えているのです。(大厩)

21

悪は人々がその現象を見る見方によって存在する

悪と呼ばれるものの多くは、人々がその現象を見る見方によってのみ存在することになるのである。

（『宗教的経験の諸相』）

この「ことば」は『諸相』の第四〜五講「健全な心の宗教」に登場します。この「ことば」には夏目漱石もみずからの所有していたジェイムズの本に下線を引いており、重要だと考えていたようですが、そもそも「健全な心の宗教」とは何でしょうか。ここで誤解を恐れず簡単に言ってしまえば、この世には「悪」というものが存在しないと考えようとする宗教のことが「健全な心の宗教」と呼ばれているのです。

ではそのような「健全な心の宗教」はどのようにしてこの世界に「悪」は存在しないと考えるようになるのでしょうか。その過程で重要になる考え方のひとつがこの「ことば」で言われていることなのです。この「悪」を存在しないようにする方法というのは必ずしも宗教的ではない人でも用いることのできる方法です。ジェイムズの主旨とは少しずれるかもしれませんが、以下でその方法を詳しく見てみましょう。

まず、ここで言われている「悪」とは何かがイメージしづらいと思うので、思い切って「悪」を「いやなこと」と言い換えてみましょう。そうすると、「「いやなこと」というのはじつはそれを捉える私たちの態度次第で存在したりしなかったりするものである」ということが言われていることになります。それでは、「いやなこと」はどのような態度を取れば存在しなくなるのでしょうか。ジェイムズはそのための方法をいくつか挙げています。

たとえば、注意をほかのことに向けることで、「いやなこと」を忘れてしまうという方策があります。友達と遊んだり、ゲームをしたり、映画を見たりといった具合に。しかし本当に「いやなこと」というのはそんなに簡単に忘れてしまえるようなものではありません。また、「忘れる」ではすまないことも多くあるでしょう。そんなときはどうすればよいのでしょうか。そこでジェイムズが推奨するのは、「いやなこと」を恐怖の対象として忘れようとするのではなく、快く受け入れてみるという方法です。そうすれば、「いやなこと」の持つトゲが取れて、むしろ豊かな風味になるだろうというのです。

いずれにせよ、ここでのポイントは私たちが自身の心をコントロールするということですが、重要なのはその自身の心をコントロールするということが、一日にしてなされるわけではないということです。「いやなこと」を見てすぐそれを忘れ気持ちを切り替えたり、その「いやなこと」を生きるエネルギーに変えたりといったことは、そうしようと思ったからすぐにできることではありません。よくある一般向けの心理学書や自己啓発書などでは、「すべて世界は自分の認識次第で変わる」などと単純に書かれていますが、まず「すべて」ということはありえません。また可能な範囲に限っても、言うは易し行うは難しで、それが一朝一夕でなされることではないことは肝に銘じておく必要があるでしょう。まずは、世界には自分の心構えによって左右される部分があることを胸に刻むことからはじめ、それとともに実際の「いやなこと」に対処していく経験を経るにつれ、少しずつコツがわかってくるようなことなのです。

ちなみにジェイムズは「悪」の存在を認めようとしない宗教や考え方を全肯定していたわけではありません。詳しくは「健全な心の宗教」の対極にあるタイプの宗教を論じている同著第六～七講を読んでいただければと思います。（岩下）

22

通常の目覚めているときの意識はひとつの特殊なかたち

私たちが合理的な意識と呼ぶような、通常の目覚めているときの意識というものは、意識のひとつの特殊なかたちにすぎない。この合理的な意識のまわりにはきわめて薄い膜でそれと隔てられて、まったく異なった意識の潜在的な形式が存している。

(『宗教的経験の諸相』)

この「ことば」は『諸相』のなかの「神秘主義」という議題を論じる章のなかに登場します。『諸相』のなかでは、「神秘的体験」というのは最も重要な宗教体験とされていましたが、しかし、そもそも「神秘的体験」とは何なのでしょうか。

ジェイムズはその最も手近な標識は「言い表しようのないこと」だと言います。大の音楽好きにとって、最高の楽曲を聴くときの気持ちはなんとも言えないものがあるでしょう。また、恋に落ちている状態がどういう状態かは恋に落ちたことがある人にしかわからない感じがあると思います。宗教的な神秘もまさにこのようなものであり、それはまさにそれを体験した者にしかわからないようなものだとジェイムズは定義します。

ジェイムズ自身は神秘的な体験をすることはできませんでした（と少なくとも本人は言っています）。そこで彼のとった戦略はなんと「ドラッグ」に挑戦することでした。彼は亜酸化窒素（一酸化二窒素）を吸入したのです。これは笑気ガスとも呼ばれ、「指定薬物」に指定されたこともあり、近年注目を集めているものです。そしてこの「ドラッグ」体験を経てのジェイムズの結論がこの「ことば」に表れているのです。われわれが普段、意識と呼んでいるものはたんに意識の一形態にすぎず、それを超え出るもの、それ以上の何かがあることは疑いえない、そうジェイムズは確信していました。

非常に興味深いのは夏目漱石がこのジェイムズの記述に注目していたことです。漱石はみずから所有する本のなかに「James ノ解釈　普通ノ consciousness ハ意識ノ一種ナリ」という書き込みをしていました。また漱石の代表作のひとつである『吾輩は猫である』においてもふつうの意識の外にあると言える心霊現象のエピソードがジェイムズの名前とともに挿入されています（心霊現象に関してはことば25の解説を参照してください）。（岩下）

23

宗教的状態には独自の価値がある

われわれ自身の魂の〔宗教的な〕高揚状態を批評して、体質の表れ「以外の何ものでもない」などと言う人がいたら、われわれは侮辱を感じて憤慨するだろう。われわれは、身体の特質がどうであろうとも、われわれの精神状態が生きた真理の啓示として独自の価値を持っていることを知っているからである。

（『宗教的経験の諸相』）

一九世紀から二〇世紀への変わり目というジェイムズが生きた時代は、科学の目覚ましい進展を背景に、超越者のような自然を超え出たものに訴えず、物質や感覚、衝動といった自然的なものを基盤にした世界観、思想運動が盛り上がりを見せていました。こうした考えをジェイムズは「医学的唯物論」と呼びます。

医学的唯物論の述べるところでは、たとえば天才の創造した最高の作品は、作者の生理学的条件によって、その起源だけでなく、価値や意義、本質といったものまで解明し尽されます。

ある人の高潔な性格や立派な信念も、その人の神経が過敏だから、肝臓の働きが悪いから、消化不良だから生まれたのであって、たいしたものではないと見なされます。宗教も同じように扱われます。聖人パウロがキリストの幻影を見たのは奇跡などではなく、彼がてんかん病患者で大脳皮質に障害を持っていたからにすぎず、特別な意義などありません。また、宗教的体験と呼ばれるような心の状態は、突き詰めてみると身体のさまざまな箇所の病的特異体質の問題なので、医学や生理学によってその価値も含めてすべて解明されるのだと主張されます。このように、ある経験の価値や本質と、その経験の身体的な原因や起源とを同一視するのが医学的唯物論なのです。

けれども、ある事実や経験の価値は、身体の生理学的な状態という観点だけで十分に理解することができるでしょうか。たとえば、素人の描いた絵とダ・ヴィンチの「最後の晩餐」は、どちらも身体に起源があるわけですが、だからといって価値まで同じということにはなりません。また、朝起きるのが辛くてなかなか布団から出られないときの経験と、極度に緊張した状態のなかで突然現われる神秘的な経験とは、やはりどちらも身体の特定の状態ですが、その経験の価値は（少なくとも当人にとっては）大きく異なります。もちろん、脳やその他の器官がなければ、その経験は生まれなかったかもしれません。しかし、そうだとしても、その経験の価値や意義まで身体器官によって規定されるわけではなく、医学的唯物論ではこの違いが説明できないのです。

そもそも医学的唯物論に従えば、みずからが依拠する科学理論も人間の脳が生み出したものである以上、科学理論そのものが「体質の表れ以外の何ものでもない」ことになります。つまり、科学理論は、特別な価値などないと批判された宗教と同じだけの価値しか持っていないことになります。ところが、医学的唯物論は、科学理論のほうが宗教に比べてより多くの真理をもたらしてくれるし、より価値があると思っています。これは明らかな二枚舌です。一方で、医学的唯物論は宗教という自分の気に食わないものを貶めようとして、「それは身体に原因がある。だから特別な価値などない」と言いながら、他方で、科学理論という自分の気に入っているものについては、より多くの価値を認めています。医学的唯物論に基づけば科学理論だって身体に原因があるのだから、宗教と同様に特別な価値などないはずなのにです。だから、一方を「よりよい」とか「より好ましい」とする彼らの判断は、自分の説を覆していることになるわけです。言い換えれば、医学的唯物論は、宗教の価値を貶め科学理論を持ち上げることによって、かえってみずからの主張と反対のことをしてしまっているのです。

だからジェイムズは、あるものの起源と、その価値・意義とを区別すべきだと述べ、宗教的経験の価値を身体的条件とは別個にそれ自体として探究していくことになるのです。

また、ここで述べられた科学と宗教の関係をどのように考えるべきかという問題はジェイムズを理解するうえで非常に重要です。ことば24、25においてもこの問題を引き続き考えてみたいと思います。（大厩）

24

科学と宗教はどちらも世界という宝物庫を開く真の鍵

科学と宗教はどちらも、それぞれを実際に利用できる人にとっては、明らかに世界という宝物庫を開くための真の鍵なのである。

（『宗教的経験の諸相』）

一般的には、科学と宗教は対立し、両立できないものだと思われるかもしれません。しかし、そうではないとジェイムズは考えます。これはどういうことでしょうか。それを理解するためには、ジェイムズの世界観の特徴のひとつである、観点の多元性というものを見る必要があります。一人の人間が世界のすべてを見ることができないように、科学と宗教も、どちらかだけではこの世界を十分に把握することはできません。他方で、世界のほうも、私たちからの複数のアプローチを許す豊かな構造を持っています。私たち各人の経験が千差万別であることを思えば、この世界、この宇宙というものが多面的なものであり、多くの捉え方や思考体系に従って扱われうることがわかります。

そうすると、できるだけ多くの視点から世界を眺め、それらを総合していくほうが、この世界のあり方をよりはっきりと見極めることになるはずです。世界を見るとき、ひとつの視点に固執することは、不十分なだけでなく不寛容な態度でもあります。この世界はきわめて複雑なものであり、多くの領域の相互浸透から成り立っています。ちょうど数学者が幾何学を用いたり、代数を用いたり、微積分を用いたりして同一の数学的なことがらを取り扱うように、私たちもさまざまな概念を用いたり、さまざまな態度を取ったりしながら世界のなかで生きているわけです。

この「ことば」には、以上のようなジェイムズの世界観と、異なる視点に対する寛容で柔軟な態度とが示されています。ジェイムズの思想のこのような特徴は、第七章で取り上げることば（とくに48、49）で詳しく述べられます。（大厩）

25

心霊研究は科学と宗教の架け橋

「心霊現象」と呼ばれる事実の表面は、科学的目的のためにようやくひっかき始められたばかりである。私は確信しているが、これらの事実を追究することこそ、来たるべき世代が目覚ましい科学的勝利を収める道なのである。艱難辛苦は大きいが、その報いもまた大きいのだ！

（「ある「心霊研究者」の告白」）

この「ことば」は、一九〇九年に書かれた「ある「心霊研究者」の告白」という論文からのもので、心霊研究の進展に対する最晩年のジェイムズの期待が率直に述べられています（ちなみに、最後の一文はゲーテ『ファウスト』第一部からの引用です）。しかし、そもそも心霊研究とは何でしょうか。またジェイムズと心霊研究との関係はどのようなものでしょうか。これらの問いについて、少し立ち入って考えてみたいと思います。

一九世紀には、科学のさまざまな領域で大きな発展（たとえばエネルギー保存の法則の確立やX

線の発見など）があり、また多くの発明（写真、蓄音機、電信、自動車など）もなされました。なかでも、一八五九年に出版されたダーウィンの『種の起源』は、神という創造者を持ち出さなくても、自然選択と突然変異と環境の影響とによって生物の多様なあり方が説明できることを示し、西洋社会に衝撃を与えました。宇宙は自然法則に従って発展してきたのであって、神の意図など不要なのではないか。これまで宗教が占めていた地位は科学によって取って代わられるのではないか。科学と宗教との緊張関係が高まり、宗教の危機、ひいては道徳の危機が叫ばれたのが一九世紀という時代でした。

こうした背景のもとで、常識や一般的な科学的知識では説明できない不可解な現象が数多く報告されました。米国では一八四八年にフォックス家の三姉妹が霊と交流し、地下室に埋められていた遺体の一部を発見しました。この出来事は、姉妹が住んでいた町の名前を取って「ハイズヴィル事件」と呼ばれ、心霊現象ブームの火付け役となりました。ポルターガイスト、自動書記、空中浮揚、エクトプラズムといった超常現象の報告が各地から寄せられ、そうした現象に興味を持つ人のための新聞が複数創刊されました。一説によれば一八五〇年代のアメリカでは、二〇〇万人の市民が超常現象を信じたと言われていますし、「サイコメトリー」や「テレパシー」といった言葉もこの時代に生まれたものです。また、右のフォックス姉妹をはじめ、死者などの霊的存在と交流したり、それを自分に憑依させたりする霊媒も多数登場し、霊媒ショーや交霊会といったイベントが盛んにおこなわれ、多くの人々の注目を集めました。

一八八二年二月、こうした現象を科学的かつ組織的に研究するためにロンドンで設立されたのが心霊研究協会（SPR）です。その年の秋、英国で研究休暇を過ごしていたジェイムズは、SPRの中心メンバーだったエドマンド・ガーニーたちと知りあい親交を深め、三年後にアメリカ心霊研究協会設立の中心となるなど、心霊研究に深く携わっていくことになります。

一方、心霊現象や霊媒は、宗教界、科学界の双方から厳しく批判されました。実際多くのペテンやインチキがSPRによっても暴かれています。こうしたなかで心霊現象を研究することは、主流派の科学者たちから非難され、みずからの立場を危うくする恐れもありました。

しかし、明らかなペテンのさきに、生命や実在の理解を深めてくれるものがあるかもしれません。そのために科学的手法を用いて心霊現象を探究すること、これがジェイムズとその仲間たちの目指したことでした。ジェイムズは心霊研究が科学と宗教の架け橋になると確信していました。当時の科学界の主流は、根気強い調査もせずに心霊現象や霊の存在を否定しました。けれども、このような態度こそ非科学的であり、科学者組織をカルト集団と同じものにしてしまいます。批判的な精神を失い、心霊現象や心霊研究を頭ごなしに排除しようとする科学者は、科学をかたくなに拒む宗教家と同じ過ちを犯しているのです。

ジェイムズは科学者として確固たる地位を築きながらも、その向こう側にあるかもしれないものを真摯に研究することで、科学と宗教双方の偏狭な伝統を破ろうとしました。今の私たちにとって自明なものを超越した存在、死すべきものを超越した存在があるかもしれない。そうであれば、誰かがそれを組織的に、しかも科学と宗教をともに用いて探究すべきではないか。こうした試みはジェイムズの終生のテーマであり、彼の多元的な世界観を貫くものと言えるでしょう。（大厩）

コラム3　ジェイムズの後半生とその後の学問的環境

ジェイムズがはじめて著した単行本は、一八九〇年に出版された『心理学原理』です。当初は大学の授業で用いる簡便なテキストとして執筆を依頼され、ジェイムズも二年で書くと約束していたのですが、結局、一二年も出版社を待たせたすえに、全二巻で合わせて一三七八頁という大冊ができあがることになりました。「記念碑的《モニュメンタル》」という形容詞がまことにふさわしい業績であり、その包括的な内容と生き生きとした筆致は著名な心理学者たちからも賞讃され、ジェイムズはたちまち世界的な名声を確立します。

彼はこのとき四七歳ですから、すでに後半生に差しかかっています。本書に収められた「ことば」はすべて彼の後半生のものです。したがって、『心理学原理』以降の彼の思想の発展については解説をお読みいただいたほうがよいのですが、出来事の順序に関して混乱が生じないようにここであらためて整理しておきましょう。

コラム2で述べた通り、ハーヴァードにおけるジェイムズの教歴は、一八七三年の生理学の授業を担当したことからはじまります。じつはこの前後は、彼が哲学との関わりを深めた時期でもありました。まず、二〇代半ばから身体と精神の不調にしばしば悩まされていたジェイムズは、一八七〇年、二八歳のときに自殺願望を抱くほどの深刻な鬱に陥るのですが、シャルル・ルヌーヴィエというフランスの哲学者の本を読んだことをきっかけに快方へ向かいます。自由意志を肯定するルヌーヴィエの哲学が彼にブレイクスルーをもたらしたのです。

それから、一八七〇年代前半には、彼はメタフィジカル・クラブという一種の哲学サークルにも参加しています。これはチョーンシー・ライトという哲学者を中心に結成されたもので、メンバーには三〇代前半のチャールズ・サンダース・パース――米国を代表する哲学者としてジェイムズと並び称される人物――も含まれていました。このクラブが重要なのは、そこでの活発な議論にこそ、のちにプラグマティズムと名づけられる哲学の萌芽があるのだと言われているためです。

ライトとパースは、当時の米国で最も鋭敏な知性を備えた二人だったのですが、残念ながら、ハーヴァードのエリオット学長が求めていたプロフェッショナルとしての適性はほとんど持ちあわせておらず、二人とも大学教授のポストは生涯得られませんでした。他方でジェイムズは、ハーヴァードで順調に出世してゆくことになります。しかし彼の肩書きの変化はかなりややこしいです。以下に列挙してみましょう。

一八七六年、生理学の助教授に任命される。一八七七年、ジェイムズが受けもつ授業が哲学科の所管になる。一八八〇年、哲学の助教授に任命される。一八八五年、哲学の教授へ昇進する。一八八九年、心理学の教授に任命される。一八九七年、哲学の教授という肩書きに戻る。一九〇七年、退職し、ハーヴァードから名誉教授の称号を授与される。

生理学と心理学と哲学――これら三つの領域を横断するキャリアをジェイムズが歩めたのは、もちろん彼がオリジナリティに満ちた思想家であったからこそなのですが、他方で、一九世紀後半の思想史的な状況がこのキャリアを可能にしているという側面も見逃してはなりません。たとえば、『心理学原理』で参照される膨大な文献のなかには、人間の魂について考察した古代の哲学もあれば、心理と行動との関係を実験を通して明らかにしようとする科学的な研究もあります。後者のほうが私たちが抱く心理学のイメージに近いですけれども、こうしたイメージは、一九世紀半ばまではまったく支配的ではありませんでした。言い換えれば、科学としての心理学は、一九世紀後半におけるジェイムズらの開拓によって、生理学と哲学とのあいだに横たわる土地から切り出されたのであって、これら三つの領域が整然と分かれている光景はジェイムズにとってけっして自明のものではなかったのです。

「心理学」という看板を掲げた新しい土地をみずから耕したにもかかわらず、ジェイムズはその中心に居座ったりはせず、つねに周縁へ向かおうとし続けました。かくして彼は、心霊現象のような周縁的《マージナル》なテーマの研究を経たすえに、いよいよ、心理学を離れて哲学の奥深くへと足を踏み入れてゆくこととなります。しかしじつは、ジェイムズの哲学が本格的に展開されたのは、晩年のわずかな期間においてでした。なにしろ、『プラグマティズム』を彼が上梓したのは一九〇七年、つまりハーヴァードを退職した直後のことですし、最後の著書『真理の意味』が刊行されたのはその二年後です。そして、一九一〇年八月二六日に、ジェイムズは心不全のため六八歳で亡くなりました。

以上の概観においてとくに強調したいのは、ジェイムズのキャリアはひとつの連続した営みとして捉えられるということです。また、コラム2で紹介した「ジェネラリズムからプロフェッショナリズムへ」という図式において、ジェイムズはあくまでも、グラデーションを成す中間地帯に位置し続けていたという点も重要です。これは言い換えれば、過渡期が終了して心理学が（あるいは生理学でも哲学でも）完全にプロフェッショナライズされてしまうと、ジェイムズが辿った道筋をふたたび歩むことはほとんど不可能になるということでもあります。事実、ジェイムズが去ったあとのハーヴァードからはジェネラリズムが生き延びる余地がますます失われていったのですが、残念ながらその変化についてここで詳しく述べることはできません。

ただ、最後にひとつだけ、二〇世紀初め（とくに第一次世界大戦後）の米国における学問的環境について考える際に念頭に置くべき事実を挙げておきましょう。それは、ハーヴァードをはじめとする米国のトップクラスの大学に対して、カーネギー・コーポレーション（一九一一年設立）やロックフェラー財団（一九一三年設立）などの慈善団体が巨額の資金を提供しはじめたということです。

コラム1を読まれた方は、ジェイムズと同世代の大富豪たちの名前がふたたび登場したことにすぐ気づかれたかと思います。金ぴか時代にのしあがったカーネギーやロックフェラーがこうした慈善活動を大々的におこないだしたところにも、革新主義の時代の特徴としてコラム1で挙げた「自己批判的な意識」が見出せるのかもしれません。いずれにせよ、彼らの団体がもたらした莫大な助成金は、米国の大学における研究の水準を一気に高めたばかりでなく、研究というもののありさまをも大きく変えることになりました。良くも悪くも、そうした変化が訪れる直前の時代にジェイムズが属していたということは、彼の「ことば」を味わううえで押さえておきたいポイントのひとつです。（入江）

第四章　心のからくり――「科学としての心理学」を目指して

26

泣くから悲しいのであって悲しいから泣くのではない

われわれは泣くから悲しい、叩くから怒る、震えるから怖いのであって、悲しいから泣くのでも、怒っているから叩くのでも、怖いから震えるのでもない。

（「感情とは何か」）

感情とはどのようなものでしょうか。私たちは感情をどのようなものとして経験しているのでしょうか。私たちは日々さまざまな感情を抱きながら生活しています。スポーツを観戦しているとき、贔屓のチームが試合に勝てば喜びに自然と頬が緩み、手を叩き、目に涙が浮かんでくることもあるかもしれません。また、侮辱されれば、怒りで頭に血が上り、胸やみぞおちのあたりが緊張し、大声を出すこともあります。発車ベルが鳴っている電車に無事乗れたときには、ほっとして大きく息を吐くと同時に、心臓が激しく鼓動を打っていることに気づきます。

通常私たちは、何かを見たり聞いたりすること（一般に感覚や知覚すること）が感情を直接生み出し、その感情が原因となって、体の震えなどの身体的変化が生まれると考えています。つまり、悲しいから泣く、というわけです。

しかしジェイムズによれば事実はそれと反対であり、ある状況の知覚に続いてまず起こるのは身体的な変化であり、それが感じられるから感情が生まれるのです。侮辱を受けても顔色ひとつ変えず、呼吸も鼓動も乱れず、普段と同じように話せるのであれば、怒りという感情は生まれていない。そこにあるのは、侮辱されたという事実をたんに認知していることだけです。

このように、さきに生じるのは感情ではありません。ある事実を知覚すると、そこからただちに身体的変化が生じ、その際の変化の感じから生まれるものが感情なのです。これが感情についての「ジェイムズ＝ランゲ説」と呼ばれるもので、右の「ことば」はこの説を明確に述べた「感情とは何か」（一八八四）という論文から取られています。同じ時期にデンマークの生理学者カール・ゲオルグ・ランゲも同様の考えを打ち出したので、この名がつけられています。その斬新な理論は、のちに「感情の末梢起源説」（感情の起源は脳ではなく身体である）と呼ばれることになり、それに対する「中枢起源説」（感情の知覚は生理的変化よりさきに生じる）、両者を合わせた「二要因説」（感情の生起には生理的喚起と、それに対する認知的解釈というふたつの要因が必要）と並んで、感情に関する心理学的、生理学的研究の進展に寄与しました。（大厩）

27

あたかも本当に勇敢であるかのように行為せよ

勇敢な感情を呼び起こすためには、あたかも本当に勇敢であるかのように行為し、そうするようにあらゆる努力をしなさい。そうすればたいてい勇気が湧いてきて、恐怖感に取って代わるものです。

（『講話』）

もしわれわれの自然に起こる快活さが失われた場合に、意識的な努力によって快活な気分に到達するための最も優れた方法は、快活に座り、快活にあたりを眺め、あたかも快活な気分がすでに心に溢れているかのようにふるまったり語ったりするということなのです。

（同右）

ことば26で取り上げたジェイムズ＝ランゲ説では、私たちの感情という経験に先立って、もろもろの身体的変化の感じが経験されると主張されていました。それでは、私たちの感情はふるまいだけで決まってしまうのでしょうか。本当は嬉しくなくても、無理に作り笑いをすれば嬉しい気持ちになるのでしょうか。

まず注意しなければならないのは、ジェイムズの目的が、感情という経験を身体的変化などの物理的徴候に還元することではない、ということです。ジェイムズが感情に先行するものとして挙げたのは、あくまで身体的反応が引き起こす感覚の総体（そこには心拍、血圧、内臓筋肉の反応の感じも含まれます）であって、身体的反応そのものではありません。むしろジェイムズの意図は、感情という経験を、脳や身体の一部のあり方に限定するのではなく、その状況全体、多様な身体的感覚の総体によって捉えなおそうとすることだったのです。

そうすると、さきほどの疑問（私たちの感情はふるまいだけで決まるのか）に対しては、この疑問を「感情という経験は、内臓の感じや脈拍の感じなども含めた身体全体の感じの総体によって決まるのか」と言い換えれば、「その通りだ」と答えられることになります。ここから、ジェイムズ＝ランゲ説の実践的な使い方が見えてきます。笑うことによって嬉しさが湧き、怒鳴ることによってかえって怒りが増す。落ち込んでいるときでも前向きに行動すれば、現に前向きな気持ちになってくる。なぜなら、前向きな感情は、前向きなふるまいに伴う身体感覚によって引き起こされるからです。望ましくない感情は身体的表現を押し殺すことによって消え、望ましい感情はそれにふさわしい身体的運動を実行すれば湧いてきます。このようにジェイムズ=ランゲ説では、感情は世界に対する私たちの構えであって、世界と切り離されたものではないのです。（大厩）

ことば27

28

われわれは年ごとにものごとを新しい光のもとで見る

われわれは年ごとにものごとを新しい光のもとで見る。架空であったものが今では現実となり、心を躍らせていたものが今では無味乾燥なものになっている。世界を失っても、と思っていた友人が今は影のように細ってしまい、かつては神のように見えた女性も、星も、森も、川も、今ではなんと退屈でありふれたものになってしまっていることだろう！

（『心理学』）

ことば10では「意識の流れ」という概念を取り上げました。それに関連した「ことば」が右のものです。ジェイムズは、私たちの意識の流れの特徴として、(一) 意識は必ず誰かの意識である、(二) 意識は不断に変化する、(三) 意識は断片的ではなく連続的である、(四) 意識は何らかの対象に向かっている、(五) 意識は注意と関心によって流れの内容を選別している、という五つを挙げています。この「ことば」では、(二) の変化という特徴を示す例が述べられています。

　私たちの心の状態はつねに変化しており、正確に同一の状態などありません。ある事実について持つすべての意識状態は、大なり小なり以前と異なっており、独自なものです。毎朝同じ道を歩き、同じ電車に乗るとしても、どの意識も厳密には新しいものであり、私たちはそれらを昨日とはやや違った角度から経験し、違った関係において理解せざるをえないのです。

　ジェイムズは、私たちの意識が流れているという事実を強調することによって、ロックやヘルバルト（この二人については、ことば33、35をご覧ください）に影響を受けた当時の心理学で前提とされていた、変化せずに繰り返し現われる単純観念という考えを批判します。心はそのようなブロック状のものから構成されるのではなく、相互に混ざりあう連続的な流れなのです。（大厩）

ことば28

29

意識の流れは心のなかをのぞくことで理解できるものか

〔意識が「流れ」ていることを、心のなかをのぞくことで理解しようとする〕試みは、コマの動きを捉えるために回転しているコマを掴み、暗闇がどのようなものであるかを理解するために照明をすばやく明るくするようなものである。

（『心理学』）

これはことば10で説明されている、「私たちの意識が「流れ」ているという事実」を理解する困難さを印象的に表した「ことば」です。コマを止めることなしにコマの動きを解剖するのは難しいですが、だからといってコマの動きを止めてしまってはもはや「動き」を調べていることにはならないでしょう。それと同様に、意識がどのように「流れ」ているのかを見るために、一度立ち止まって心のなかをのぞこうとしても、そのときには自然な「流れ」はなくなってしまっています。ジェイムズ以前の心理学はこうした困難のために「意識」が「流れ」ていることを見て取れず、明確な言葉にはならない感情や「心の構え」のような要素を見落としてしまっていたのです。

そしてこの「ことば」は、じつは夏目漱石にとっても非常に重要なものでした。実際この「ことば」は漱石のいわゆる前期三部作のひとつ『それから』のなかに登場するのです。『それから』の主人公代助は大学を卒業しても就職せず、親の財産を頼りに、自分がよいと思う趣味だけを追求する新しいかたちの知識人として描かれています。彼は、「何事によらず一度気にかかりだすと、どこまでも気にかかる」ような男で、「しかも自分でその馬鹿気さ加減の程度を明らかに見積るだけの脳力があるので、自分の気にかかり方がなお眼に付いてならない」ような男でした。

そんな代助はジェイムズのこの「ことば」を引用しながら嘆きます。「自分の不明瞭な意識を、自分の明瞭な意識に訴へて、同時に回顧しようとするのは、ジエームスの云つた通り、暗闇を検査するために蠟燭を点したり、独楽の運動を吟味する為に独楽を抑える様なもので、生涯寐られつこない訳になる」と。こうして仕事もせずに自分の「心」とはどういったものなのかに悩み、その正体をつかめないことにいらだっていた知識人代助でしたが、そんな彼にも決断をしなければならないときが来ます。それは彼の恋愛ないし結婚に関わることです。親の勧める縁談に従うのか、あるいは今ある親の援助を捨ててでも、愛してしまった友人の妻三千代を選ぶのかという決断に迫られるのです（続きはぜひ『それから』を読んでいただければと思います）。

ジェイムズにとっても漱石にとっても、そして私たちにとっても心とはいったい何なのかというのは大問題であると言えるでしょう。しかし、この不思議な心というものの全貌は自分の心のなかを覗いてみるだけで、すぐにそれが捉えられるようなものではないのです。心とは何かを考えるときに、このことを忘れてはならないでしょう。（岩下）

30
感情を動かす刺激への感受性が人によって異なること

人間が個々人で異なる主な原因は、感情を動かすような刺激への感受性が人によって違うこと、および、そうした感受性の違いがもたらす衝動と抑制が人によって違うことにある。

（『宗教的経験の諸相』）

この「ことば」は『諸相』の第一一～一三講に登場します。これによって、ジェイムズは宗教的な人生を送る人が、なぜその他の人と異なるのかを説明しようとしています。

それではこの「ことば」の内容について順を追って確認していきましょう。まずは、私たちの個人差というものは、以下のふたつのものが原因で生じることが言われています。（一）感情を動かすような刺激に対してどのように反応するかの感受性が違うこと、（二）そうした感受性の違いがもたらす衝動と抑制が人によって異なること、のふたつです。（一）に関しては、なんとなく理解ができると思います。感受性の豊かな人は繊細な性格でしょうし、その反対の人は豪胆な性格でしょう。では、(二) の衝動と抑制とは何のことを言っているのでしょうか。

私たちの普段のふるまいや態度というのは、私たちをある方向へ推し進めようとする「衝動」と私たちを引き止めようとする「抑制」の二種類の力の関係によって成立しているとジェイムズは考えています。普段、私たちはこのことを意識することが多くありませんが、日常生活において「衝動」と「抑制」は大きな役割を果たしているのです。

たとえば、職場での飲み会のことを考えてみてください。「好きなものを好きなペースで飲んだり食べたりすることに集中したい」という「衝動」があっても、それは「上司のつまらない話に相槌を打ち、楽しいふりをしなくてはいけない」という「抑制」によって阻害されることになるでしょう。さらにわかりやすい例としては「ダイエット」をするときのことを考えればよいかもしれません。「食べたい」という衝動と「我慢しなくては」という抑制の戦いを経験したことのある人は多いでしょう。そして、こうした「衝動」と「抑制」のせめぎあいは、じつは私たちの生活の至るところで起こっています。このふたつの力のバランスによって人の性格は形成されているのだということがこの「ことば」の含意です。

ところで、漱石はジェイムズのこの「ことば」の付近に書き込みを残しており、そのことから漱石も「衝動」や「抑制」に大きな関心を持っていたと推測されます。ジェイムズは別の箇所で、大きな「感情を動かすような刺激」が起これば、「抑制」というのは消し飛んでしまうことを指摘していましたが、漱石はとくにこのことに注目したようです。

漱石の小説、たとえば『こころ』を覚えているでしょうか。『こころ』のなかに出てくる、「先生」の友人であり同居人であった「K」は下宿の「お嬢さん」を愛していることを「先生」に告げました。「先生」にとってこれは「感情を動かすような刺激」であり、それによって「抑制」を失った「先生」はさまざまな「衝動」的な行動をとり、そのことは「先生」の一生に影を落とすことになったのです。そのほかにも漱石の作品では人が「衝動」的に行動するということが印象的に書かれています。その背景にはこうしたジェイムズの考え方があったのかもしれません。（岩下）

31

新しい知識を以前から存在する好奇心に編み込むこと

人は生まれてから死ぬまで新しいものを古いものに同化する能力を持ち、もし慣用の概念系列を無視したり破ったりする恐れのあるものがやってくると、その新奇さを見抜き、それでもなおそれを仮装した旧友であると決めてしまう。

（『心理学』）

天才とは、習慣的でない方法で知覚できる能力であると言えばほとんどそれで尽きている。

（同右）

教授学の金科玉条とは、すべての新しい知識の断片を以前から存在する好奇心に編み込むこと——すなわちその素材を何とかしてすでに知っているものごとに同化することである。

（同右）

はじめて服を着たときのことを覚えている方はいらっしゃるでしょうか？　おそらくほとん

どいらっしゃらないと思いますが、想像することはできます。ひとつひとつ手探りで、ひょっとすると誰かの力も借りて、考えては失敗しながら着ることを試みたはずです。でもいつからか慣れてきて、苦労しなくても着られるようになったのではないでしょうか。毎朝服を着替えるときに、ここに腕を通すとこのさきから手が出て……と考えることはまずないと思います。そんなことをしていたら遅刻してしまいますね。

ジェイムズは、『心理学』のなかでこうした事態を「習慣」の実用的効果として説明しています。私たちは「習慣」というものの力によって運動を単純化し、正確にして、疲労を少なくしています。また、右に見た例のように、ある動作のなかで意識的におこなう注意を少なくすることで、日常生活を送りやすくもしているのです。このように、私たちには「習慣」によって生かされていると言っても過言ではない部分があります。

しかしながら、「習慣」に頼る生き方は、良いものばかりとは限りません。慣れというものは恐いもので、それは私たちの生き方やものの見方を固定化してしまうものでもあります。右に挙げたジェイムズの「ことば」のひとつめは、「習慣」が持つこのような負の側面への警句とも受け取れるでしょう。どんなに新しいように見えることがらに出会っても、私たちは古いものの見方でそれを理解しようとしてしまいます。そして、二番目の「ことば」では習慣的なもののの見方とは別様の見方でものごとを捉えることができる能力を「天才」とも呼び、その重要性を示唆しているようにも思えます。

ここでのジェイムズの立場は実に微妙です。一方で「習慣」の効用を説きながら、他方でその危険性も示唆する。非常にジェイムズらしい物言いですが、こうしたバランス感覚がとくに求められる実践領域があります。それは、三番目の「ことば」で問題にされている教授学のテーマである「教育」です。教師が生徒や児童に、親が自分の子どもに、先輩が後輩に対して何か大切なことを伝えようとするとき――しかもそれが相手の従来のものの見方とは違ったかたちで受け取られることも期待するとき――、「習慣」は敵にもなり味方にもなります。あなたが誰かを――あるいはこれまでの自分を――教育しようとするとき、相手の旧弊（古い習慣）は、あなたの言葉を自分の都合の良いように解釈してしまうかもしれない。それは教育者であるあなたの意図するところとは異なるかもしれません。とはいえ、「習慣」の力は強大です。これをうまく使うことはできないものか。

三番目の「ことば」に示唆されているように、ジェイムズは相手に「以前から存在する好奇心」や相手の「既知のもの」をまずは認め、そのメカニズムの理解を利用しながら「教育」を習慣形成の問題として語っています。心や人間についての客観的な分析から得られた知見はともかく事実として受け入れ、そのうえで問題を考えようとしている彼の姿勢がここに見受けられます。このように、心や人間についての彼の見解は彼の教育論や人間形成論へとつながっていくことになります。詳しくは次章をご参照ください。（岸本）

第五章　私たちは何になりうるか——教育観・人間形成論

32

活動的統一体としての児童の精神生活

私としては、児童の精神生活というものを、その児童みずからが感じているような活動的統一体として教師に理解してもらいたいと思う。もしできることなら、教師がそのような活動的統一体としての児童の精神生活を、みずから児童の身になってみてありありと脳裡に描き出してもらいたいと思う。

（『講話』）

大人たちが子どもたちの、後の世代のよい人生、生活を思って自分たちの考えるあるべき教育観や理想の人間像を表明する——そんな様子は時代や場所を越えて見られるのかもしれません。今日でも「教育」の問題はさまざまな立場の人によって語られ、議論されています。それはジェイムズの生きた時代でも同じでした。

しかしながら、当時の米国で彼が語った教育論は特殊な意味合いも帯びていました。南北戦争も終わり、国家の「再建」が進むなか、米国では教育制度が初等・中等・高等というさまざまなレベルで変容・拡大しつつあり、大学教授職にあった各分野の専門家たちは、教員養成のための知見であったり、教師たちへの実践的な助言であったりを求められていたのです。一八八九年以来ハーヴァードで心理学教授職にあったジェイムズも、九〇年代に入ってそのような依頼を受け連続講演をおこなったのですが、一八九九年に一連の講演内容を『心理学についての教師への講話』──以下、『講話』と略記──として出版しました。右の「ことば」はその著作の序文冒頭部からの引用です。一方で最新の科学的知見の求めに応じ科学としての心理学の利便性を講じつつ、他方でそうした心理学が持つ限界を彼独自の人間理解から認識していた彼の立場の微妙なニュアンスを本書の随所から感じることができます。「子どもを理解する」という教師特有の仕事について端的に語った右の「ことば」はそうしたものの代表と言えます。

ここでは「子ども」を「活動的統一体」(active unity)として見るというジェイムズの子ども観が表明されていると言えますが、ポイントはふたつあります。(一)子どもを「活動的」な存在として見ることと、(二)子どもを「統一体」として見ることです。子どもは教師の言うことをすべて受動的に受け取るだけの存在ではなく、世界のなかでみずからその関心に従って主体的に行為する存在であること、そして、子どもは彼らの身体や心を区分けしてその諸要素を部分的に理解できるような存在ではなく、全体として理解されるべき存在であること、この二点が教師に対して伝えられているのです（前者はことば37、後者はことば39を参照）。

ここからは当時のさまざまな教育言説、科学的言説との関連のなかで現われるジェイムズのもどかしい物言いを楽しみながら、彼の教育観や人間形成についての考え方を少しずつ見ていきたいと思います。（岸本）

33 児童に関する直観的で同時に分析的な完全な知識

われわれの主題をふたつの異なった角度から眺めること――すなわち、われわれの相手である若い有機体〔子どもたちのこと〕を、いわば立体的に眺め、それを具体的な機知《タクト》と明察とをもって取り扱うと同時に、彼らの心のからくりの興味深い内的諸要素をわれわれ自身の心に思い描くことができるということは、われわれの独立心を結実させ、関心を活気づけるものであります。このような児童に関する直観的にして同時に分析的であるという完全な知識は、まさにすべての教師が求めるべきものに違いありません。

(『講話』)

ここでは、教師が教育行為をおこなう際に採るべき子ども理解の仕方について、知識のあり様との関連のもと語られています。これまでの豊かな教育経験を動員して教育の対象である目の前の子どもを瞬間的に捉えようとする実践的な知のあり様と、最新の科学的知見にも基づきながら子どもを事物として客観的に理解しようとする理論的な知のあり様――ジェイムズは前者を直観的な知識、後者を分析的な知識と呼び、教育をおこなう際にはそのふたつの視点から子どもを捉える必要があることを説いているのです。子どもを「立体的」に眺めるとはそのような意味です。原語の「ステレオスコピック」という表現からもそれがよくわかります。

ところで、教師が複雑な状況や相手の特性を直観的に察知することの重要性については現代の教育学でもしばしば語られますが、じつはジェイムズの時代もそうでした。むしろ、彼の時代の教育界のほうがそのような語りに溢れていたかもしれません。一九世紀の前半に学問としての教育学を体系化した人物にヨハン・フリードリヒ・ヘルバルトというドイツの哲学者がいました。彼は教育という複雑な事象の目的や方法を当時の倫理学や心理学に基づいて厳密に体系化しようとした人物ですが、教育を科学的に――とりわけ数学的に――基礎づけようとした際にいわば残余として問題化されてくる教師の側の理解や実践における機知を「タクト」と表現していました。音楽の世界の指揮棒《タクト》からの比喩ですね。こうした日常語とも言える言葉はもちろんヘルバルトだけが使用していたわけではありませんが、彼の教育学が確立し展開・普及するなかで、教育実践の特殊性を表現する言葉として広まっていきました。

ジェイムズが右の「ことば」を述べた時代の米国の教育界にもヘルバルトの考えを奉じる「ヘルバルト主義者」は多く存在していたようで、実際にジェイムズもしばしば彼らに言及しています。彼が教育を論じる際の語彙《ボキャブラリー》もこうした背景を持つことに注意すると、右の「ことば」では、一方でこうした機知《タクト》でもって子どもを直観的に理解することの重要性が述べられているとわかります。

また、他方でジェイムズは、子どもたちの「心のからくり」の「内的諸要素」を「われわれ自身の心に思い描く」ことの必要性も同時に説いています。これもヘルバルトの学問的教育学に通ずる言葉づかいではありますが、さまざまな科学的発展を伴った長い一九世紀を経てジェイムズの時代にはこうした科学的——右のジェイムズの言い方では「分析的」——な理解の仕方にはさまざまなヴァリエーションが生まれていました。たとえば子どもを進化論的に理解することなどがそうです。「若い有機体」という表現にはそれがよく表れています。ジェイムズはそうした理論的な知見を柔軟に採り入れているのです（心理学を教育へと応用する具体的な例はことば38、39等を参照）。

ジェイムズは子どもを一面的に理解する仕方を嫌いました。子どもを「立体的」に眺めることで、勘だけに頼る仕方も、科学的な理解にのみ頼る仕方も、同時に避けようとしたわけです。

次に見る「ことば」は、ここで見た彼の子ども観と関わって表明される「教えること」についての考え方が表れています。（岸本）

ことば33

34

心理学は科学《サイエンス》であり教えることは技術《アート》である

もしみなさんが、心理学というものは心の法則を明らかにする科学であるから、この科学からみなさんが直接教室で使用するためのはっきりした教授のプログラムだとか、計画だとか方法だとかというものを引き出しうるものと考えられるとすれば、それは大きな誤り、実に甚だしき誤りだと私は主張します。心理学は科学《サイエンス》であり、そして教えることは技術《アート》です。そして、科学は直接そのなかから技術を生み出すものではけっしてありません。独創的な精神の持主が、科学と技術との中間に立って、その創意を用いることによって、科学の応用をなすのでなければなりません。

(『講話』)

心理学は科学であり、教えることは技術である――ジェイムズの教育論のなかでも非常な有名な「ことば」です。この「ことば」は『講話』が出版されたときいくつかの専門誌で取り上げられ、現代でも彼の教育論の中核を示すものとしてたびたび議論の俎上に載せられています。

ことば33では教育に携わる者が子どもをどのように理解すればよいかが示されていました。子どもはたしかに一方で自然の法則に支配されており、その限りで科学的な知見が適用可能な存在である――しかし他方で、自然の法則が当てはまる対象として見るだけではなく、自由に行為する存在者として見る必要もある、と。別の箇所でジェイムズは、このような子どものあり様を「部分的に自由な」存在と表現しています。教育の現場においては自然法則の理解とその単純な適用だけでは不十分であり、いざ教育実践の場に立った際には教師には機知《タクト》が必要であるとされていましたが、こうした教育論と子どもを部分的に自由な存在と見る子ども観とは彼の思想のなかで切り離せない関係にあったのです。

そして、このような多面的に子どもを眺める視点から、「教える」際に必要となる教師の構えについての考え方も出てきます。教師は科学的知見でもって子どもをすべて理解しつくせると思ってはいけない。科学から導き出された、すべての子どもにあまねく当てはまるような教授プログラムなどありえない。「科学と技術との中間」に立って、自分自身の「創意《オリジナリティ》」を用いることによって科学を応用しなければならない――このように教師たちに助言を送るのです。これこそ、教えることが「技術」――創造的な技術であることを考慮して「技芸」や「わざ」と訳してもよいかもしれません――であると言われたことの意味です。

じつはこの「ことば」の背景には、当時の米国教育界における〝心理学ブーム〟とも言える状況がありました。教育にとって心理学が万能であるかのように喧伝する勢力が一方にあり、それに期待をかける現場の声が他方にあったのです。ジェイムズはこうした状況に危機感を覚えていました。心理学の教授職にありその知見の提供を期待される立場にあった彼は、そのことをうまく利用し心理学への需要に応えるかたちで、むしろ逆説的に心理学の安易な利用に対して警句を発しました。さまざまな実践領域で心理学的知見への期待がますます高まっているかとも思える現在、教育に直接関わることがないとしても、是非とも念頭に置いておきたい「ことば」です。（岸本）

35

教育の本質は連合の傾向を児童のなかに組織化すること

あなた方の児童たちは、ほかのいかなるものであるにしても、とにかく少なくとも小さな連合機械なのです。彼らの教育の本質は、ひとつの物をまた別の物と連合させるはっきりとした傾向を彼らのなかに組織化することにあります。すなわち、印象とその帰結とを、それらの連合物と反応とを、そしてこれらとまたその結果とを、というように果てしなく相互に連合させる諸傾向の組織化にほかならないのです。

（『講話』）

ジェイムズは『講話』の第四章「教育と行動」の冒頭で、「教育」を次のように説明します。それは「人類の有するもろもろの資質を組織化すること」であり、「人をその生活する社会的ならびに物的世界に対して適応させるような行為能力を組織化することにほかならない」と。ことば31にある表現を用いると、古くからある習慣に新しい知識や経験を織り込んでいく、という言い方もできそうです。彼にとって「教育」とは、ある人がその時点で持っている知識や経験を土台にして、さまざまな能力を新しく社会や自然環境に合うようなかたちへと変化させていく、ということを意味しているようです。

では、そうした組織化や習慣形成という変化はどのようにして起こるのでしょうか。資質を組織化するとか新しい習慣が形成されるとか述べる場合に彼が依って立つ原理とはどのようなものだったのでしょう。それが、「連合」(association)の法則と呼ばれるものです。

少しだけ、歴史を振り返ってみましょう。人間の心の仕組みを「連合」なるもので説明する伝統は、とくに英米圏では古くから存在しました。ジョン・ロックやデイヴィッド・ヒュームに代表されるいわゆる経験論者たちは、心というものを生得的でないものによって説明しようと試みましたが、その際に持ち出されたのが、外部から経験として与えられる単純な要素——論者により「単純観念」や「単純印象」などと言われました——と、それら要素同士が相互の類似や時間的・空間的な繰り返しの並置によって「連合」するという考え方です。一七世紀におけるロバート・ボイルの粒子物理学など、当時の学問の発想を背景に、そこからの類比により心を説明しようとしたわけです。

ロックらの時代にはまだ「連合」説は心的な要素同士の関係しか問題にしていませんでした

が、一八世紀の中葉になるとデイヴィッド・ハートリーの生理学的な仕事により、観念の連合過程という心的レベルのものと脳や脊髄といった身体レベルのものとの関係が考察されることになります。その後、この「連合」説は社会思想や教育思想などさまざまな領域で応用され、少なくとも学者たちのあいだでは馴染みあるものとなったようですが、ジェイムズの時代にも一種の学問的常識として共有されていたことを押さえておく必要があります（ジェイムズの学問的背景についてはコラム2、3も参照）。

さて、ジェイムズはこうした「連合」説を教育の場面に適用します。子どもを「小さな連合機械」といったん見なすことで、教育を「連合」で語ることができるようになります。つまり、新しい知識や経験を子どもに与えるためには、それがなるべくその子どもがすでに持っている知識や経験に類似していることと、子どもに対して繰り返し与えられることが求められることになるのです。その筋に従ってジェイムズは教師たちに助言することになります。

ただし、右の「ことば」をよく読んでみると、印象とその帰結と、それらの連合物と反応と、そしてこれらとまたその結果と……というふうに、「連合」過程がたんなる観念間だけでなく、またそれらと脳などの身体との個体内の関係だけでなく、個体とその外側の環境との関係も含む、かなり広いレベルで考えられていたことがわかります。ジェイムズに従えば、たとえばコップのなかの熱いお湯に手を触れたとき痛みを覚えた子どもが次からはより慎重になるということも――熱さという印象が痛みという帰結に結びつき、そうした帰結が子どもの反応に結びついていると考えれば――一連の「連合」過程として説明できるかもしれません。ここで重要なのは、こうした一連の結びつきが子どもの生き方の変容、とくに環境に対してどのように働きかけるかという行為の変容につながっているということです。このように、ジェイムズの「連合」概念は子どもの、ひいては人間の変容のプロセスをも語りうるほどに拡大された意味を持っていたのです。一九世紀末の心理学思想のなかで、「教育」と「連合」が結びついたひとつの場面であったと言えます。

じつは、この時期のジェイムズは右に見た「単純観念」、「単純印象」というものは現実の世界では経験できないという意味で「経験を越えた」ものだとして、伝統的な「連合」の考え方をたんに実際的に活かすだけでなく、理論的な批判も同時におこなっていました（ことば10、28、29も参照）。「単純観念」などの概念は伝統的な「連合」説にとっては重要な役割を果たすものでしたから、ジェイムズの批判的見解はこの学説の枠組み自体を再構成するポテンシャルを秘めたものでした。教育を論じる場面で見られた「連合」説適用の新しいかたちは、実際上の世界から出発し理論を構成する彼の哲学的思考の表れとも言えるかもしれません。（岸本）

36

あらゆる社会改善は対抗心の感じによるところが大きい

点数とか、成績の区別とか、賞品とか、その他優秀性を認められようと欲してなす努力の目標が、われわれの学校から永久に姿を消すことを、われわれは本気で望むべきでしょうか。

（『講話』）

対抗心の感じというものがわれわれの存在の根底に存在しており、あらゆる社会的改善はこの感情によるところが大きいのです。

（同右）

人の行為を駆りたてるものを「動機」と呼ぶことがあります。この言葉は心理学の学術用語としても重要で、行為に向けて動機を与えることを一般に「動機づけ」と言います。「動機づけ」はしばしば「外発的動機づけ」と「内発的動機づけ」に区別されて、前者はその人の外側から何か行為を駆りたてるものを与えること——たとえば働かせるためにお金やご褒美を与えるなど——、後者はそうした外部からの動因なしでその人の内側からくる興味や選好によって衝き動かされることを指します。ひとつめの「ことば」でジェイムズが述べている内容は、現代であれば「外発的動機づけ」と呼ばれるだろうもので、その重要性が指摘されていると理解できます。では、どのような理由で彼はそうした主張をおこなったのでしょうか。背景には、当時の教育界の状況と、彼が取り組んでいた心理学のある見解がありました。

教育学の古典にフランスの思想家ジャン＝ジャック・ルソーが著した『エミール』という小説があります。エミールという子どもが家庭教師によって大人になるまで育てられる物語ですが、この小説に見られる子どもの成長を段階的に捉える仕方や、教師は子どもの興味を重んじるべきであり積極的で直接的な働きかけをおこなうべきではないとする思想は後の世に多大な影響を及ぼしました。ジェイムズが生きた米国社会でも『エミール』の影響力は大きく、一方で子どもの立場から出発する教育思想の支えとして奉じられたり、他方でそうした思想は大人の側の工夫や責任を減じる放任教育を助長しかねないとして——ときには「軟弱な教育法」(soft pedagogics) であるとして——批判されたりしていました。ジェイムズは、これまでの「ことば」でも見てきたように子どもの立場から出発する思想とは共鳴する部分を多く保ちながらも、子どもに対して消極的になるあまりに右に見たような外発的な動因をすべて否定する立場に対しては一定の距離を取っていました。その根拠が「本能」の心理学です。

彼は『講話』で人間のさまざまな「本能」を紹介しています。一番目の「ことば」と関係する本能については、「競争本能」(emulation)というものが説明されます。二番目の「ことば」にある「対抗心の感じ」はこの本能と同じ意味で使われており、私たちの存在の根底にあるこれらのお陰で社会はより良くなっていくとジェイムズは言います。

たしかに、競争というとたんに相手を打ち負かしたいという貪欲な心を喚起する低俗なものとしばしば考えられがちです。ジェイムズもそうした考え方があることは一方で認めているのですが、他方で、対抗心というものが努力への拍車という高尚な役割を担うことを主張します。教育のあらゆるステップが子どもにとって興味あるものでありうるなどと考えるのはナンセンスだと述べ、むしろ、こうした対抗心があることで実際の教育は成立すると彼は考えたのです。

このようにジェイムズは、自身が重要と考えた教育の構成要素を批判者たちから擁護することに骨を折ったわけですが、「本能」の存在に訴えたのは戦略として有効でした。なぜなら、「本能」は当然子どもにも——むしろ大人に比べて子どものほうにこそ——認められるものであり、それゆえ子どもから出発することを謳《うた》う立場との親和性がきわめて高いものだったからです。中庸の道を採ろうとする彼の巧みな言説戦略が見え隠れする一幕です。(岸本)

37

子どもが身の周りの物をいじくることの意味

児童が八、九歳になるまでは、子どものすることと言えば、物をいじくること、すなわち手で探ってみて、やってみたり止めてみたり、作ってみたり壊してみたり、組みあわせてみたり引き離してみたりすることだけであると言って差し支えないくらいです。

（『講話』）

ここでは、ことば32で見た「子ども」を「活動的統一体」として見るジェイムズの思想のなかで、とくにそれを「活動的」なものとして捉えることの重要性が示唆されています。子どもはみずからの関心でもって身の周りの世界に働きかけ、それを変化させます。ときには素材を組み立てて何かを作ったり、ときにはそれを壊してみたり……。みなさんの周りにいる子どもの様子を注意深く眺めると、たしかにそのような姿が浮かび上がってくるのではないでしょうか。

このような子どもの特徴を、ジェイムズはここでもある種の「本能」で説明しています。それが「構成本能」（constructiveness）と呼ばれるものです。ここで重要なのは、環境との関係こそ子どもの――ひいては人間の――意識の基礎であるという考え方です。どういうことでしょうか。彼は右の「ことば」の直後で「心理学的見地から考えると、構成と破壊とは同じ手先活動に対するふたつの名前である」と述べ、次のように説明しています。何かを作ることも、壊すことも、自分の外の世界に対して変化をもたらすことにほかならず、言い換えれば世界に変化という帰結を生むということにほかならない。そして、このような活動の結果として私たちの知識というもの――周りの環境との密接な関係、ものごとの性質についての手近な知識というもの――が生じる。それゆえ、周りの環境との親密な関係こそ人間の意識の基礎をなすのだ、と。こうした子ども理解、人間の意識の理解が彼の「プラグマティズム」の考え方や真理観と大いに関連するものであることは明らかでしょう（とくにことば4を参照）。

ものごとの意味とは活動の帰結（機能と言ってもよいでしょう）であり、環境との関係（ここでは構成や破壊）によって決まるものである――彼自身は右の「ことば」の直後で次のように具体的な例を挙げて説明しています。「たいていの人が事物やその性質について持っている概念は、最後の最後まで、われわれがそれらの事物や性質によって何をなしうるかについての観念を一歩も出ないのです。「棒」と言えばそれにもたれたり、それで物を打ったりするところのものを意味しています。「火」と言えば、料理したり、身体を暖めたり、物を焼いたりするためのものであり、「ひも」と言えば、物を結びあわせるものを意味するのです」と。

ここでの「ことば」に見られた彼の子ども観は、当時の心理学的知見と自身の哲学思想とを関連させて考える、彼の思想の重要な局面を示すものであると言えます。（岸本）

38

つめ込むことで心の構造に織り込まれることはない

つめ込みというやつは、試験の直前に猛烈な準備をおこなうことによって、いろいろなことを心に刻み込もうとするのです。けれどもこんなふうにして学んだことがらは、ほとんど連合を形成しません。ところが一方で、いろいろな違った日に、異なった前後関係のなかに幾度も出てきて、読んだり、そらんじたり、繰り返し参照したり、ほかのことと関連させて検討したりしたようなことがらは、うまく心の構造のなかに織り込まれるようになります。

（『講話』）

教育の場面に応用して考えられたジェイムズの心理学上のテーマは、ことば36、37で見た「本能」以外にもたくさんあります。そのひとつが「記憶」の心理学ですが、このテーマが教育と密接に結びついていることは想像に難くありません。心や身体が何らかの知識や技能を「覚えている」という状態が教育において目指される局面は、みなさんの生活のなかでも経験されているのではないでしょうか。

右の「ことば」では、いわゆる「つめ込み」教育、それもとくに「試験の直前に」という言葉で示されているように知識の短期間の「つめ込み」（cramming）が批判されています。その論拠となっているのが彼の「記憶」の心理学と、さらにその基礎理論となっている「連合」説（ことば35を参照）です。彼は記憶を「一般的な保持」と「特殊な想起」とに分けています。前者は書物や倉庫の比喩でも考えられており、すぐには思い出せないけれどもきっかけさえ与えられたら思い出せるようなものも含む潜在的な種類の記憶であり、後者は今すぐに取り出すことのできる現実的な種類の記憶です。あれは何だったたっけ……と覚えている気がするのになかなか思い出せないことはないでしょうか。それが前者に当たると考えてよいでしょう。

ジェイムズは、これら両者はともに「連合」によって説明することができると言います。たとえば、今朝の朝食で何を食べたかの記憶を辿ってみてください。朝、どこで食べたのか、それは何時ごろのことだったか、何を使って食べただろう……さまざまなことを手がかりにして思い出そうとされるのではないでしょうか。このように記憶というものは「連合」の鎖のようなものを形成しており、最初の——この場合「朝食」の——印象を思い出そうとすれば、それがぶら下がっている「かけかぎ」(hook) を手がかりにしてそこまで連合の鎖を辿っていくことになるとジェイムズは言います。これが「連合」による「記憶」の説明です。

もし「記憶」がそのような性質を持つものだとすると、「連合」していないことがらをいくら単独の知識として与えられても記憶にはまったく残らないことになります。こうした考えからジェイムズは、何も考えずただひたすらに「つめ込む」というやり方には反対の立場を採っているのです。何かを覚えさせようとするならば「連合」の仕組みをよく理解する必要がある、と。彼は最も優れた記憶の持ち主とは「その経験したことを最も多く繰り返し考え、そしてそれらを互いに最も系統的な相互関係に織り込む人」だと述べ、「覚える術とは考える術」だとしています。覚えるべきことがらをいかにさまざまなものと「連合」させるか、思い出すきっかけをたくさん用意できるかどうかは、いろんな場面でそのことがらを何度も考えることが最も有効である、そのように言っているわけです。

なお、彼は『心理学』のなかでこのことについて、自身の教師としての経験から次のような興味深い説明をおこなっています。最後に紹介しておきましょう。

ことば38

著者は毎年多数の学生の名前を覚えなければならない。彼らは教室にアルファベット順に座っている。最後には学生がいつもの場所に座っていればその名を呼ぶことができるようになる。しかし学年初めにそのうちの一人に街で出会えば、顔では名前を思い出しにくい。しかし顔が彼の教室での座席や、周囲の学生の顔や、その結果として彼のアルファベットの順を想い出させる。そうするとふつうは、これらのデータが一緒になったものの共通の連合物として学生の名前が心に浮かんでくるものである。

学生の名前と、彼ら彼女たちの顔、周りの学生、座席の場所とが「連合」し、「記憶」を形成している例です。みなさんのなかにも、思い当たる経験をお持ちの方はいらっしゃるのではないでしょうか。記憶の「かけかぎ」を頼りに思い出してみてください。（岸本）

39

人生において大切なのは一緒になって作用する心の全体

ご安心ください。誰でもどれか心の基礎的能力が劣っていることを発見したからといって、ひどくがっかりする必要はけっしてないのです。人生においてものをいうのは、一緒になって作用している心の全体であって、どれかひとつの能力が劣っていても、ほかの能力の努力によって補うことができるのです。

（『講話』）

自分は記憶力が弱いのではないか、集中力に欠けるのではないか、論理的に思考することが苦手なのではないか――そのように考えたことのある方もいらっしゃるのではないでしょうか。あるいは、教えるべき子どもを目の前にしたとき、その子に対して同じように考えたことのある方もいらっしゃるかもしれません。右の「ことば」は、そんなときにまずはどんなふうに考えたらよいのか、そうした際の心の構えについて聴衆の人々の支えとなる助言を送ったものです。ここには、ジェイムズの教育思想の特徴である、人間や子どもといった存在を全体的なものとして眺め、「統一体」として捉えることの重要性が示されています（ことば32を参照）。

人間の能力を区分し、たとえば「記憶力」、「集中力」、「論理的思考能力」といったふうにそれぞれに名前をつけ、それらを部分的に評価する仕方は現代でも見られます。歴史を振り返ると、そうした考え方や取り組みが古くから存在したことを知ることができます。ジェイムズが生きた時代にも、興隆する諸自然科学の知見や営為を背景に教育研究のなかで「児童研究」というものが盛んにおこなわれていましたが、そのなかの一部のものは子どもの基礎的諸能力を捉えようと、実験室においてそれらの測定を試みていました。

ジェイムズは「児童研究」全般に対して必ずしも反対だったわけではなく、むしろ評価していた側面もありますが、このような実験室での測定という仕方で把握された子どもの能力を鵜呑みにする態度に対してはかなり批判的な立場を採っていました。右の「ことば」の近くで、「人間はきわめて複雑な存在であるから、どれかひとつの心的能力を、作用する全体のなかにおけるそれの共働要素から切り離してそれだけ単独に測定することによっては人間の現実的な有能性を明らかにすることはできない」と述べています。とくに、情緒や道徳上の能力といった私たちにとってきわめて重要なものは、単一の実験で測定することなどできるものではなく、「ただ長いあいだの総体的成果によってのみ知られるようになるものである」と述べ、実験室でおこなわれる研究の限界を彼は指摘するのです。
右の「ことば」の意味を理解するには、後景に広がる彼のこのような問題意識を知っておく必要があります。最後に、右に見た彼の明察から生じる、きわめて具体的な教師への助言のことばを同箇所からふたつ紹介してきましょう。

教師は、このような事実からひとつの教訓を引き出してくるべきです。われわれは誰でも、生徒の成績を測るのに、暗誦や試験で、生徒がかつて学習したと思われるものを直接に再生する能力がどのようなものであるかを見ることによってのみ測定しがちです。そして、生徒のなかにひそむ目に見えない力については、いつもその価値を低く見すぎているものです。「その答えはわかっているのですが、それが何であるかを言うことができないのです」と告げる子どもを、われわれはその答えについてまったく何も知らない子どもと、実際上同じものとして取り扱っています。しかしこれは大きな誤りなのです。

試験で振わないようなタイプの心に対しては、気長に見守ってやり、同情を持ってやってください。そういう心は、人生がわれわれに課す長い試験においては、結局のところ、すらすらと即座に思い出す人よりも優れた性質をそなえるに至るかもしれないのです。というのは、その心の情熱はいっそう根強く、その目指す目的はいっそう価値あるもので、いろいろのものを結びつけて考えるその力はいっそう非凡であり、したがってその全体としての精神活動の所産はいっそう重要なものだということがあるかもしれないからです。

目に見えるものだけがすべてではない、目の前のものごとに即座に対応し解決できる力を持っている子どもだけが優れているというわけではない、長期的にしか発揮されない心の要素というものもあり、短期的に現われる心だけで判断せず全体を見るようにせよ――教育に携わる教師たちに向けてジェイムズが発したこれらのメッセージには、相手を変わりうる存在として、何かになりうる存在として眺める彼の姿勢やそうした姿勢を重要とする彼の思想が反映されています。（岸本）

40

心のしめがねをゆるめて自由にさせてやること

一度決心が定まり、いよいよ実行という段取りになったならば、結果についての責任とか心配とかいったものを一切きっぱりと捨ててしまいなさい。一言にして言えば、心という知的で実際的なからくりのしめがねをゆるめてそれを自由にさせてやりなさい。こうすればあなたの心は二倍も能率を上げて仕事をしてくれることでしょう。

（『講話』）

一八九九年に『講話』が出版されたとき、教師に対して心理学や教育について語るというメインの諸章のほかに、この著作には別テーマで三章が付属していました。それらは学生に対して「生の諸理想」について語るという、生き方や道徳に関する彼の思想を含むものでした。右の「ことば」はそのなかのひとつめである「緊張緩和《リラクゼーション》の福音」と題されたエッセイからのものです。

当時、ボストン周辺で著述活動をおこなっていたアニー・ペイソン・コールという女性が精神衛生をテーマにいくつかの著作を出版していましたが、ジェイムズは一八九一年に出版された彼女の『休息による力』という書物が説く内容に強く惹かれたようで、「男女を問わず米国のすべての教師と学生がひもとくべき書物」と述べながら、ここで言われていることを「緊張緩和の福音」と呼びました。右の「ことば」は、その内容の理解のうえに立ったジェイムズ流の実践的な助言です。

納得するまで準備したのならば、あとは失敗したらどうしよう、どういう結果になるだろうなどと心配せずにまずは行為してみよ——こうした物言いは『信じる意志』の議論を思い出させます（ことば42～44を参照）。ただ、ここではジェイムズのそうした見解を少し違った角度から眺めてみましょう。それは、こうした実践的見解の背後にあった理論的知見に関係する、当時のいわゆる「異常心理学」への彼の関心に着目する見方です。彼は、古代医学以来問題にされ続けてきた憂鬱症《メランコリア》と呼ばれる精神状態についての当時の心理学の知見から、「人が自分自身について有する強い感情は、その人の客観的事物についての観念と行動過程とが自由に連合することを妨害する傾向がある」という法則に着目していました。じつは、右に見た実践的な助言——考えすぎると行為できない——はこうした法則から引き出されたものでもあったのです。

また、彼のこうした立場が一種の自国文化批判になっていたということも興味深い点です。右の「ことば」は、彼が暮らしていた同時代の米国社会に対する彼の危惧から生まれてきたものでもありました。彼はヨーロッパと自国を対比しながら、米国人は自己意識が強すぎ、そのせいでいろんなことを心配しすぎていてうまく行為することができていないと分析しています。当時、大西洋を越えた知的交流を背景に互いの文化を外の者の視点から分析する書物がいくつか出版されていましたが、ジェイムズもこうした著作のなかの米国人批判を部分的に受け入れていたようです。また、こうした自文化批判的な言説が右に見た心理学などの理論的知見に裏打ちされたものであったことは、この解説をお読みになってくださった方にはすでに明らかでしょう。

心のしめがねをゆるめよというジェイムズの実践原理は、教師や学生に対する非常に具体的な助言を生みます。最後にひとつずつ、『講話』から紹介しておきましょう。いずれも魅力的な「ことば」です。

大方の教師諸氏に向かって私が与えるべき忠告は、優れた教師である人がみずから語っている言葉と一致するものだと思います。すなわち、教材がいつでもすぐ使いこなせるだけい、に準備しておきなさい。それだけの準備をしたら、教室に出てからは、自分に自然にわき起こる力を信じて、それからさきの心配は一切放棄してしまいなさい、ということです。

もし試験で本当にベストを尽したいと思うなら、試験の前日には書物を放り投げてしまって、「こんなくだらないことにもう一分の時間も使うまい、成功するかどうかなんてほんの少しも気にかけないぞ」と自分に言いきかせることです。本気になってこう言いきかせて、そしてそう思うのです。それから戸外に出て遊ぶとか、さもなければ寝床に入って眠ってしまうのです。そうすれば、その翌日はどんな結果になるか、一度やってみれば必ず、なるほどこれからはこの手でいけばいいのだとお考えになるだろうと私は確信します。

ただし、教師に向けたほうの助言で強調されているように、それまでにしっかりと準備をおこなったのなら、という条件つきです。けっして、いっさい勉強しなくてもよい、そもそも本なんて捨ててしまいなさいというメッセージではないですから、そこは誤解のないようにご注意ください。（岸本）

コラム4　ヘンリーの小説、ウィルキーとボブの事業、アリスの日記

ジェイムズは四男一女の兄妹《きょうだい》の長男です。一八四二年一月生まれの彼の下には、四三年四月生まれの次男ヘンリー（家族からは「ハリー」と呼ばれていました）、四五年七月生まれの三男ガース・ウィルキンソン（通称「ウィルキー」）、四六年八月生まれの四男ロバートソン（通称「ボブ」）、四八年八月生まれの長女アリスがいます。このコラムでは彼らに注目しようと思うのですが、混乱を避けるために、以下ではウィリアム・ジェイムズのことを「ウィリアム」と呼ぶことにします。

一八六一年四月、一九歳のウィリアムが絵の道を諦めようとしていたころに、南北戦争という米国史上最大の戦争が勃発しました。「最大」はけっして誇張ではなく、南北戦争による死者は六二万人と言われており、これは現在までに米国が経験したどの戦争の死者数よりも多い数字です。もっとも、同年九月にローレンス・サイエ

ンティフィック・スクールへ進学したウィリアムと、翌年にハーヴァード・ロー・スクールへ進学したヘンリーは、南北戦争の前線へ赴くことはありませんでした。「ロー・スクール」というと現在では法科大学院のことを意味しますけれども、当時の米国には大学院という概念がほとんど存在していなかったので、それまでに高等教育をいっさい受けていない一九歳のヘンリーがいきなりロー・スクールに入ることもこのときは可能だったのです。

上の二人の兄とは対照的に、ウィルキーは一八六二年に、ボブはその翌年に、北軍の志願兵として南北戦争に参加しました。ウィルキーは一八六三年の戦闘で重傷を負い、一時はニューポートの実家で生死の境をさまよっていたのですが、このときはウィリアムも看護を手伝っています。部分的に回復したウィルキーは一八六四年に前線へ戻りました。そして、一八六五年四月に、南北戦争は北軍の勝利によって幕を閉じました。

ウィルキーとボブはその後、奴隷身分から解放された南部の黒人たちを雇ってフロリダで綿花のプランテーションを経営しはじめます。しかし、父からの多大な資金援助を受けたにもかかわらず、事業は失敗に終わってしまいました。結局彼らの人生が劇的に好転することはなく、破産さえ経験したウィルキーは一八八三年一一月に肝臓の病のため三八歳で亡くなり、酒に溺れがちで保護施設に入ったりもしたボブは一九一〇年七月に――すなわちウィリアムの死の前月に――心臓発作のため六三歳で亡くなりました。

アリスの生涯もまた、けっして華やかなものとは言えませんでした。彼女は慢性的な心身の病に苦しみ続け、ときにはヒステリーの症状を呈することもありました。それでも、一八七八年に一時病状が深刻化したあとしばらくのあいだは、あちこちへ旅行に行けるくらいにまで回復しています。このとき彼女に付き添っていたのは、一歳下のキャサリン・ピーボディ・ローリングという女性です。二人は、まるで結婚しているみたいだと周囲から言われるほど親密な関係を築いていました。

アリスは一八八四年、三六歳のときにローリングとともに英国へ旅立ったのですが、渡航中に体調が悪化したため、英国に着くなりほとんど寝たきりの生活を送りはじめます。当時ロンドンに住んでいたヘンリーはアリスのためにメイドを雇い、彼自身もローリングと交替で看護にあたりました。アリスは最期まで英国に留まることになり、一八九二年三月に、乳癌のため四三歳で亡くなりました。彼女の名前は今では、少なくともウィルキーとボブよりはよく知られています。なぜなら、一八八九年から死の直前まで彼女がしたためていた日記が、紆余曲折を経て一九三四年に公刊され、その文学性を高く評価されるに至ったからです。たとえば批評家のスーザン・ソンタグは、アリスの日記にインスパイアされて、一九九三年に『病床のアリス』と題する戯曲を上梓しています。

さて、最後に紹介するのはヘンリーですけれども、彼についてはすでにご存じの方も多いでしょう。とくに有名なのは、『思ひ出す事など』という随筆において夏目漱石が、ウィリアムの『多元的宇宙』を読んだときのことを想起するくだりのあとでこう述べていることです。「教授の兄弟にあたるヘンリーは、有名な小説家で、非常に難渋な文章を書く男である。ヘンリーは哲学の様な小説を書き、ヰリアムは小説の様な哲学を書く、と世間で云はれてゐる位《くらゐ》ヘンリーは読みづらく、又其位《そのくらゐ》教授は読み易くて明快なのである」[1]。

ハーヴァード・ロー・スクールを卒業しないまま執筆活動を開始したヘンリーは、二〇代のあいだに作家としてのキャリアをある程度積んだあと、一八七五年にパリへ、翌年にロンドンへ渡って、そのままそこに住み続けました。彼は生涯独身で、一九一五年に英国に帰化し、翌年二月に七二歳で亡くなりました。彼が残した数多くの小説は、しばしば以下のように三つの時期に分類されます。

前期：『デイジー・ミラー』（一八七八）、『ある婦人の肖像』（一八八一）など

中期：『メイジーの知ったこと』（一八九七）、『ねじの回転』（一八九八）など

後期：『鳩の翼』（一九〇二）、『大使たち』（一九〇三）、『金色の盃』（一九〇四）など

乱暴にまとめれば、リアリズムと呼ばれる文学運動にコミットしていたのが前期で、実験的な手法を駆使しだしたのが中期で、「円熟期」とも呼ばれる後期において作品の完成度が最も高まったということになりますが、漱石の言う「非常に難渋な文章」はとくに後期に顕著ですので、ヘンリーの小説に興味のある方はまずは『デイジー・ミラー』か『ねじの回転』から読みはじめるのが良いかと思います。

また、ウィリアムの哲学とヘンリーの小説との関係が気になる方には、ヘンリーが一八八四年に発表した「フィクションの技法」という評論をおすすめします。そのなかの「小説とは、最も広義な定義を与えるなら、人生についての個人的で、直截的な印象である」という一文などはとくに、ヘンリーの小説観のウィリアムっぽさ――変な言い方ですが――が感じられる部分でしょう（関連する「ことば」は10〜13

など）。さいわい邦訳もありますので、ぜひ図書館などで探して読んでみてください。[2]

（入江）

□注

（1）全集第一二巻三六四頁。『漱石全集』の書誌情報については巻末の「原文一覧」をご参照ください。

（2）以下に岩元巌による邦訳が「小説の技法」という題で収められています。工藤好美監修／青木次生編『ヘンリー・ジェイムズ作品集　8　評論・随筆』、国書刊行会、一九八四年、九二―一一八頁。本文中で引用したのは同書の九九頁の一文です。

第六章　この「私」はどう生きればよいか——生き方・道徳の思想①

41

自分独自の仕方で問題を見つめそれらを処理せよ

われわれのうちのどんな二人も同一の困難を持つということはないし、同一の解決に達すると期待されるはずもない。各々が自分独自の角度から事実と問題を見つめ、自分独自の仕方でそれらを処理しなければならないのである。（『宗教的経験の諸相』）

この「ことば」は『諸相』の結論部分に現われます。同著においてジェイムズは実に多様な宗教的体験の事例を記述しましたが（文化や時代によって異なるいきいきとした宗教的体験の事例の数々は圧巻でパラパラとページをめくっているだけでも面白いです）、はたして宗教というのは、何か共通した要素を持っているべきなのでしょうか。この問いに対して、ジェイムズははっきりと「ノー」と答えます。そのことを説明する過程に現われるのがこの「ことば」なのです。

ことば7、15の解説でも説明されているようにこの世界の現実というのは本当に複雑です。私たち一人ひとりも皆異なっています。ところがこの一人ひとりが異なっているということは、現実の生活においてはついつい忘れられてしまっているのです。

たとえば一口に「仕事ができない」と言っても、その内容は人によって異なるでしょう。計画を立てるのが苦手な人、実行するのが苦手な人、まとめるのが苦手な人、単純作業が苦手な人、会話が苦手な人、とさまざまです。また、職場や一緒に働く人々に応じて、求められていることも違います。だから、うまくいかないときは、職場や環境が求める能力と自分の特徴があっていないのかもしれません。いずれにせよ、たんに「仕事ができない」といってもその内実は多様で、誰にでも役に立つ解決法などは存在しないのです。

そして、これは仕事だけの話ではありません。書店でよく人間関係や恋愛などに関する指南本を目にしますが、そこで書かれていることも万人に当てはまるようなものではありません。とくに人間関係や恋愛などは、自分だけのことではなく、相手もいることですので、自分一人のことを考えるよりもはるかに事態は複雑です。自分の趣味が何なのか、何が苦手なのか、人生において何を重視するのか、こうしたことのすべてが一人ひとりにおいて微妙に異なっており、そうした人間同士が完全にすべてのことで一致することなどはありえないでしょう。また教育などにおいてもこうしたことは同様です。どうしても私たちは自分のやってきたことや、「常識」に基づいて子どもや学生、部下などを指導します。しかし、私たちは一人ひとり育って

ことば41

きた環境や時代が異なるのだから、自分が成功した方法をそのまま別の人に教えてもそれが必ずしも成功につながるわけではないことに注意が必要です。ジェイムズの言うように、最終的には「各々が自分独自の角度から事実と問題を見つめ、自分独自の仕方でそれらを処理しなければならない」のです。（岩下）

42 真理は必要や能力にぴったり適合するものではない

真理がわれわれの必要や能力にぴったり適合するなどということは、端からありえないように思われる。自然という偉大な下宿屋では、パンケーキとバターとシロップがちょうど適量だけ出てきて、しかも〔食べ終わったあとに〕お皿がまったく汚れていないなどということは、めったにあるものではないのだ。

（『信じる意志』）

右の「ことば」では、私たちのおこなう決断と私たちの生きている世界のあり方との密接な関係が述べられています。この解説では、この点について説明してみたいと思います。

私たちの生活はさまざまな決断に満ちています。決断と言うとおおげさに聞こえますが、食堂に行けばメニューを選び、友人から悩みごとの相談があれば返事の仕方を決め、終電がなくなれば、たとえばタクシーを使うかネットカフェで夜を明かすかを選ばなければなりません。あるいは、もっと重要な場面、たとえば就職や結婚をするとか、家や車を買うという決断もあります。そういうときに、十分な証拠や根拠がないのに一方の選択肢を選んでいいものでしょうか。知的な誠実性を重んじる人たちは、そのような決定は早計であり無責任だと言うかもしれません。しかし、ある場合には、確かな証拠やはっきりとした見通しがなくても決断することが正当化されるとジェイムズは述べます。

では、そのような場面とはどんなものでしょうか。ジェイムズがこの議論を用いるのは、主に神の存在や魂の不死といった宗教的な問題についてなのですが、ここではあえて身近な例を使って説明してみます。まず前提条件として、知的探究を尽くしてもその問題について確定的な証拠が得られないという点が挙げられます。決める前に証拠を十分に探してみないと、拙速・早計と言われてしまうでしょう。そのうえで、ジェイムズは三つの条件を挙げています。

第一に、選ぼうとしている選択肢が両方とも「生きた」選択肢、つまり真面目に受け取れるものである必要があります。さきほどの例で言えば、タクシーかネットカフェかという選択肢はどちらも生きた選択肢であり、だからこそ悩むのですが、駅や路上で一夜を明かすとか何時間もかけて歩いて帰るという選択肢は、私にとって「死んだ」選択肢であり、検討に値しません。

第二の条件は、どの選択肢も選ばずに保留することができない、「否応なしの」の場面だということです。タクシーかネットカフェかで迷い続けて決断を先送りしていると、時間はどんどんすぎていきます。この場合、私は保留しているつもりでも、じつは「駅で一夜を明かす」という第三の（なんとしても避けたい）選択肢を選びつつあるということになります。最後に、どちらの選択肢も「重大な」ものであることです。タクシーの快適さを取るかネットカフェの安さを取るか、これは本当に重大な問題です。

以上のような、十分な知的根拠がどうしても得られないのに、重大な生きた選択肢のあいだで否応なしの決断を迫られるような場合、私たちが好みや感情に基づいて一方を選ぶことは、正当なことであり、また必要なことでもあるとジェイムズは言います。これが「信じる意志」、「信じる権利」の擁護として知られる議論です。「客観的な証拠が不十分なのだから感情などで決定するな」と言う人は、それ自体ひとつの感情的な決定に基づいて発言しているのであり、決断しないことによって真理を失うリスクを負っているのです。

右の「ことば」では、このような「信じる意志」の行使が、「自然という偉大な下宿屋」、つまりこの世界のあり方からして必要不可欠だと言われています。私たちが日々直面する状況は、完全な証拠が出揃うまで待っていてくれるようなものではありませんし、私たちの決断や行動にはいつも何ほどかの危険が伴います。「自然」はそれほど親切ではなく、「お皿」は大なり小なり汚れてしまうものなのです。（大厩）

43

われわれは始終自分たちの一身を賭けている

人生の勝負全般を通して、われわれは始終自分たちの一身を賭けている。そして、この勝負の理論的部分がわれわれをある結論へ導くのに役立つとすれば、それがいかに不明瞭であろうとも、その場合にはやはりわれわれは、きっと一身を賭けなければならないだろう。

（『信じる意志』）

ことば42では、見通しが立たなくても私たちの決断が正当化されるのがどのような場面なのかを考えました。このような選択は、一種の賭けとも言えるでしょう。すべての証拠が出揃うまで決断を先延ばしにしていると、往々にしてチャンスを逃してしまいます。そんなとき、自分の信じるところに従ってとにかくやってみることが、望ましい結果を生むことにつながるかもしれません。少なくとも、そうした賭けをする権利が私たちにはあるとジェイムズは考えます。そのつどの信念・考えという作業仮説を携えて行為をし、仮に失敗しても次の仮説を作ってまたやってみる。このような仮説とテストの繰り返しが私たちの探究なのです。

もちろん、賭けることが大事な場面もあるからといって、客観的な証拠を求める真摯な営みや自然科学の体系、法則など（「ことば」のなかの「理論的部分」とはこれらのことを指します）を無視するような人は、たんなる無鉄砲と呼ばれてしまうでしょう。ジェイムズも、証拠を無視して感情的判断に身を任せる人を、「狭量な感傷家」と批判しています（『信じる意志』第一章を参照）。反対に、誤りに陥ることを恐れるあまり、手持ちの証拠を信用できず、行動に踏み出せない人は、優柔不断で臆病な懐疑論者となり、これもジェイムズの批判するところです。信念と選択に関するジェイムズの議論は、信じすぎることと疑いすぎることという両極端を避け、中間の道を求めるものなのです。（大厩）

44

今日手に入れられる真理で今日を生きなければならない

われわれは、今日手に入れることのできる真理で今日を生きなければならず、明日になればそれを誤りと呼ぶ心構えをしていなければならない。（『プラグマティズム』）
自分の使っている道具の不完全さを認め、自分の観察したものを論じるときにその不完全さを勘定に入れて考える人のほうが、自分の使っている道具がけっして誤ることはないと主張する人よりも、真理を獲得するのにはるかに有利な立場にある。
（『宗教的経験の諸相』）

ことば4と5でジェイムズの真理についての考えを紹介しました。そこでの要点は、（一）真理というものが、考えと行動の結果によって徐々に作られていくものだということ、（二）真理のテストに用いられる有用性にはさまざまな側面があるということ、の二点でした。
ところで、真理というものがだんだんと作られるもので、ある観点からは真（役に立つ）だが、別の観点では偽（役に立たない）だということになると、真理というものが、なんだかとても頼りないもののように思えます。今正しいと思っている考えも、明日になれば間違っているかもしれないし、私にとって役に立つ考えも、別の人にとってはそうでないかもしれません。そうなると、「確実なものなど何もないのだから、好き勝手にふるまえばいい」といういいかげんな態度の人が出てくることもありえます。

これに対して、ジェイムズは正反対の姿勢を取ります。たしかに、実在と経験はたえず動き続けており、そのなかで探究を進めていけば、正しかった考えが次のときには通用しなくなることもあるでしょう。しかし、私たちの信じることが間違うこともあるからといって、どれも真理ではないということにはなりません。いつか使えなくなるときが来るとしても、それは、現時点での最良の道具を求めようとしないことの理由にはならない。ひょっとすると、どんな経験によってもけっして偽にされることのない絶対的な真理というものに、私たちは辿りつけるかもしれません。少なくとも、そのような真理の存在を信じる権利が、私たちにはあります。なぜなら、これはまさに、「信じる意志」、「信じる権利」（ことば42参照）が正当化される場面だからです。

こうして、私たちには、絶対的な真理の存在を信じる権利があるということになります。たとえその存在を確信できないとしてもです。反対に、絶対的な真理を信じないでいると、複数の意見が対立したとき、粘り強く探究すれば一致させられるかもしれないのに、その努力を怠ることになってしまいがちです。だから、絶対的・究極的な真理というものは、私たちの探究の理想的な目標として真摯な探究を促すことにつながります。つまり、それを信じるか信じないかによって、実際的な違いが生じるわけで、これはきわめて重要な問題なのです。

ジェイムズの思考が辿る道は、ここでも中間の道です（ことば34、36、43参照）。一方で真理の到達は絶対に不可能だと主張する懐疑論を退け、他方で真理を獲得するための確実な手段があると豪語する独断論も拒否します。自説を点検しながら一歩一歩真理に向かって進んでいく可謬《かびゅう》主義（私たちの知識や信念がつねに誤りの可能性に開かれていることを認める立場）が、ジェイムズの探究を導いているのです。（大厩）

45 頭のよい人とは最もよく適合する名称を見つけられる人

具体的なジレンマというのは名札をつけて現われてくるものではない。われわれはそうしたジレンマに多くの名称をつけることができる。そして頭のよい人というのは、その特殊な場合の必要に最もよく適合する名称を見つけることのできる人である。

（『心理学』）

この「ことば」は『心理学』の第二六章、「意志」を論ずる箇所に登場するものです。ここで、ジェイムズは人が実際の生活で出会うジレンマがどのように解決されているかを教えてくれています。

まず、「具体的なジレンマは名札をつけて現われてくるものではない」とはどういうことでしょうか。ジレンマというのは、基本的には、選択肢がふたつありそのどちらを選んでもよくない結果が起こることを指しますが、広義には、ふたつ以上の選択肢があって何が正解か決められない状態を意味します。そしてここでは後者の意味でこの語が用いられており、そうしたジレンマに「名札」がついているわけではないというのは、そのジレンマは幾通りにも解釈できる（「名札」をつけることができる）ために、何が正解かがわからないという事態を指しています。

たとえば、ある日いつも通り家に帰ると一緒に暮らしているあなたの恋人の機嫌が悪かったとします。何が原因かを探り当てて恋人の機嫌を取らなくてはいけません（そうしたときには放っておいてほしいという意見は今考えないことにします）。これは広義のジレンマです。ここであなたは、過去に似た状況で「水回りの掃除をしないで家を出たから」恋人の機嫌が悪かったことを思い出して、それを先回りして謝ったとします。しかし、現実とはつねに流れゆくもので（ことば7の解説参照）、状況が酷似していてもまったく事情が異なるということもあります。あなたは「何もわかっていない」とため息をつかれてしまいました。これは、ジレンマに「名札」をつけ間違えてしまったというケースです。

それに対して「頭のよい人」とはつねに流れゆく現実のなかで新たに生じるジレンマに最もふさわしい「名札」をつけることができる人のことを言います。ジレンマに出会ったとき、既存の分類や規則を思い出しそれに当てはまる最適の「名札」をつけることができる人、あるいは、そうした既存の文脈と関係を持つかたちで新しい「名札」をつけることができる人こそが

「頭のよい人」なのです。

たとえば、医者が診察をする事例を考えてみてください。患者が訴える痛みの説明が極めて曖昧な場合もあるでしょう。またそうした患者の言うこと（たとえば「心臓が締め付けられる感じがする」「目がかすむ」）が既存のAという病気の症状でもBという病気の症状でもあるというケースもあるでしょう。そうしたときに「頭のよい」医者というのは、過去の経験とみずからの知識を総動員して最も適切だと思われる診断を下し、対処することができるのです。

ではどうすれば「頭のよい人」になれるのでしょうか。それには、既存の分類や規則、言語や概念をしっかり把握し、自分で自在に操れるものにしておく必要があるでしょう。そのためには、自分がどんな枠組みや規則、分類を使っているのか、何がうまくいくのかをつねに意識的に考えることが求められるはずです。また、場合によっては既存の枠組みではまったく対応できないジレンマが登場することもあるでしょう。そうしたときには、新たな「名札」を作りだすこと、クリエイティヴになることも求められるのです。

なお、「名札」をつける際には注意しなくてはいけないこともあります。その点についてはことば15、16の解説をごらんください。（岩下）

46

望ましい状態は信じなければそもそも到来しえない

男性がなす「すべての女性は自分のことを好きに違いない」という陽気で楽天的な主張によっていかに多くの女性のハートが征服されてきたことだろう。

（『信じる意志』）

この「ことば」は「信じる意志」という論文からの引用です。この論文の目的のひとつは「確かな証拠もなく何かを信じることは許されるのか否か」ということを検討することであり、それが論じられる過程でこの「ことば」は登場します。ここでジェイムズは彼の哲学がいつもそうであるように、日常生活における実際の例から思想を発展させているのです。

まず、この「ことば」では男性が主語になっていますが、ここで性別は重要ではありません。また、恋愛のことが書かれていますが必ずしも恋愛だけに当てはまることでもありません。恋愛に限らず、人間関係において「あの人は私のことを気に入ってくれているかな」と心配したことのある人は多いのではないでしょうか。そしてジェイムズは、相手が実際にこちらを気に入るかどうかは、「相手側はこちらのことを気に入っているに決まっている」と進んで思い込むかどうかが重要であると断言します。

そうした思い込みはこちらに自信を与えます。そうした自信を持つことは多くの人にとって魅力的にうつるでしょう。反対に、自信が持てない場合は、相手がこちらのことを気に入っているか確証が持てるまで何のアクションも起こせず、結果として相手がこちらのことを気に入ってくれる可能性が減少してしまいます。この「ことば」で言われていることはそういうことなのです。

実際には、現実はもっと複雑で、たんに自信を持っていればいいというわけではありませんし、そうした人が万人にとって魅力的であるわけではありません。むしろ、こういったタイプの人にはうんざり、と思っている方もいるかもしれません。ですが、いずれにせよこの「ことば」から学ぶべきなのは、確信が持てずとも勇気を持って行動するというまさにそのことによってはじめて生じるような事態がこの世界には存在しているということです。

もちろんここで軽信や軽率な行動が勧められているわけではないことには注意が必要ですが、場合によっては勇気ある決断によってのみ世界が良い方向に変わる、そうジェイムズは確信していたのです。（岩下）

47

人生は生き甲斐があるものだと信じよ

人生を恐れてはいけない。人生は生き甲斐があると信じよ、そうすればそのあなたの信念が、人生は生き甲斐があるという事実を生み出す助けとなるだろう。

（『信じる意志』）

この「ことば」は「人生は生き甲斐があるか」というストレートな題名の評論の結論部において書かれたものです。この評論は、もともと「ハーヴァードキリスト教青年会」でおこなわれた講演で、のちに論文として発表されました。この「ことば」だけを読めば「なんと楽観的な」と思う方もいるかもしれません。「人生がうまくいっているから、そうやって楽観的に「人生は生き甲斐がある」などと思えるのだろう。こっちはそんなことを言っていられないほどどうしようもないんだ」といった具合に。しかし、この評論を読んでもらえればすぐにわかるように、ジェイムズはむしろそのように楽観的になれない人の側に立って論述を進めています。

ことば46の解説でもそうであったように、ここでもジェイムズが重視するのは「信じる」ことの人生に及ぼす影響の大きさです。「もうこの世の中にはいいことなんてない」、「私なんて何の価値もない」と思い込んでいる人がいるかもしれません。それらはその人が世界や自身に対して持つ信念であったり思いであったりするわけです。しかし、それはたんなる心のなかの思い込みといったもの以上のものであることに気づかなくてはいけません。その信念や思いによってあなたの行動、ひいては周りの人の思いや行動にまで影響が出てくるのです。そのようなネガティヴな思いのせいで、この世の中が以前より悪いものになったり、自分の価値が下がってしまったりということもあるのです。

ジェイムズにとって重要なのは「人生とは私たちの作り出すものである」ということです。もちろん、人生のすべてを作り出すことなど不可能です。私たちは自然環境をすべてコントロールすることはできません。生まれを変更することはできません。しかし、それらに何らかのアクションをとることは可能なのです。そしてそれを可能にするための必要条件こそが、この「ことば」で言われていることなのです。実際にものごとがよくなるかは確かではありません。しかし、ものごとをよくすることができるようになるためには「この人生はつまらない」ではなく、「人生は生き甲斐がある」と信じなくてはならないのです。そのように信じたことが、ものごとをよくする大きな一助となるというのがジェイムズの主張です。（岩下）

コラム5　漱石と大拙、それぞれにとってのジェイムズ体験

「ことば」の解説でも何度かふれられているように、ジェイムズの思想は夏目漱石にも大きな影響を与えました。もちろん当時の日本で漱石だけがジェイムズを知っていたわけではなく、たとえば漱石より四歳年上の徳富蘇峰《とくとみそほう》は、ジャーナリストとして世界を旅していたさなかの一八九七年に、ボストンでジェイムズと面会しています。『心理学原理』が出版された一八九〇年からジェイムズが亡くなる一九一〇年までは、明治二三年から四三年までに相当しますから、西洋の学問を輸入し咀嚼することに懸命になっていた当時の日本の知識人たちが同時代の思想家としてジェイムズに注目していたというのは、ある意味では当然のことでした。

しかしながら、ジェイムズの「ことば」を読むことが現在の私たちに独特の体験をもたらすのと同様に、明治の知識人たちにとってもジェイムズ体験はきわめて印

象深いものであったようです。そのことを伝える証言のなかから、とくに有名なふたつを、このコラムであらためて紹介しておこうと思います。ひとつめは、コラム4でも参照した漱石の『思ひ出す事など』のなかの一節です。

一八六七（慶応三）年生まれの漱石は、一九一〇（明治四三）年、四三歳のときに、療養のため滞在していた伊豆の修善寺で大量に吐血し、一時人事不省に陥ります。これがいわゆる「修善寺の大患」で、同年末から翌年初めまで新聞に連載された『思ひ出す事など』に書かれているのも主に修善寺での出来事です。連載の第三回は、「「ジエームス」教授の訃に接したのは長与院長の死を耳にした明日《あくるひ》の朝である」という一文からはじまります。ジェイムズの『多元的宇宙』をたまたま持参していた漱石は、病状悪化のためそれまで読書を中断していたのですが、突然の訃報を受けて今いちどその本に手を伸ばし、そして……。

多元的宇宙は約半分程残つてゐたのを、三日許《ばかり》で面白く読み了《をは》つた。ことに文学者たる自分の立場から見て、教授が何事によらず具体的の事実を土台として、類推《アナロジー》で哲学の領分に切り込んで行く所を面白く読み了つた。余はあながちに弁証法《ダイアレクチック》を嫌ふものではない。又妄《みだ》りに理知主義《インテレクチュアリズム》を厭《いと》ひもしない。たゞ自分の平生文学上に抱いてゐる意見と、教授の哲学に就いて主張する所の考とが、親しい気脈を通じて彼此《ひし》相倚《あひよ》る様な心持がしたのを愉快に思つたのである。ことに教授が仏蘭西《フランス》の学者ベルグソンの説を紹介する辺りを、坂に車を転がすような勢《いきほひ》で馳《か》け抜けたのは、まだ血液の充分に運《かよ》ひもせぬ余の頭に取つて、どの位《くらゐ》嬉しかつたか分らない。余が教授の文章にいたく推服したのはこの時である。（1）

「弁証法」（dialectic）や「理知主義」（intellectualism）といった哲学用語が登場していますが、重要なのはそこではありません。この一節が読む者の心を動かすのは、やはり、衰弱しきっていた自分にジェイムズが元気を与えてくれたというシンプルな事実に対する喜びが率直に表明されているからでしょう。漱石の意見とジェイムズの主張とが「親しい気脈を通じて彼此相倚る」とはどういうことなのかは、この一節だけでは詳しいことはわかりませんけれども、「ことば」の解説（具体的には14、15、21、22、29、30）をお読みいただければ「親しい気脈」の内実を多少なりとも把握できるのではないかと思います。

次に取り上げるのは、鈴木大拙《だいせつ》が一九〇二（明治三五）年に西田幾多郎《きたろう》へ送った手紙のなかの一節です。大拙は禅の思想に関して日本語と英語の両方で精力的に論じた仏教学者であり、西田は『善の研究』（一九一一）などの著書で知られる哲学者です。ともに一八七〇（明治三）年生まれの二人は、金沢の第四高等中学校で出会い、終生の友となりました。以下に引く西田への手紙は、大拙が米国のオープン・コートという出版社で働いていたころにしたためたものです。なぜそこで働くことになったのかというと、鎌倉の円覚寺の僧である釈宗演《しゃくそうえん》が、仏教に詳しい助手を求めていたオープン・コートのポール・ケイラス編集長に対して自分の弟子の大拙を推薦したからです。

この手紙のなかで大拙は、ジェイムズの『宗教的経験の諸相』を最近読んだということを西田に伝えています。そして、「頗《すこぶ》る面白し」という感想のあと、文面は以下のように続きます。

自余の哲学者の如く無理に馳せず、多くの具体的事実を引証して巻を成す、同教授は余程宗教心に富むと見えたり、ケーラス氏などの宗教論と違ひ、直に人の肺腑《はいふ》に入る、宗教的経験を妄想迷信と云ふ名の下に却《しりぞ》け去らず、之《これ》を心理上の事実として研究せんとする教授の見処既に予の意を得、フイリングを第一としてインテレックトを次に置き、宗教は哲学、科学を離れて別調の生涯あり、而《しか》して此《この》生涯は事実なりと説く、君もし閑《ひま》あらば一読して見玉《たま》はんか、必ず君を益する所あらんと信ず。(2)

「直に人の肺腑に入る」というところなど、重視する点が漱石と似ていることが注目されますが、じつは最も興味深いのはこの引用の直後の箇所なのです。大拙がそこで、ジェイムズを読んで思い出したこととして語っているのは、鎌倉にいたころに彼が得た体験です。夜の坐禅を終え、禅堂を出て、月明かりに照らされた山道を歩いていたときに、突然、自分が「画中の人」となったような、「樹と吾《われ》との間に何の区別もなく、樹是《これ》吾れ、吾れ是れ樹」という状態に至ったような感覚が訪れたのだと大拙は言います。「やがて庵に帰りて後も胸中釈然として少しも凝滞《ぎょうたい》なく、何となく歓喜の情に充つ、当時の心状今一々言詮《げんせん》し難し、頃日《けいじつ》ゼームス氏の書を読むに至りて、予の境涯を其まゝに描かれたる心地し、数年来なき命の洗濯したり」。

「樹と吾との間に何の区別もなく」という大拙の言葉は、あたかも、この手紙の数年後にジェイムズが本格的に展開することになる純粋経験の哲学（第一章参照）を先取りしているかのようです。しかし、そうした鋭い指摘とあわせて読みとっていただきたいのは、ジェイムズ体験が大拙にもたらした喜びです。ジェイムズを読むのは楽しいことである――漱石と大拙がともに吐露しているこの感想を、本書の読者のみなさんにも共有していただけているでしょうか？　もしも、ジェイムズの「ことば」に本書ではじめてふれることになった方々に、「数年来なき命の洗濯したり」という思いを抱いていただけたとしたら、本書の作り手としてこれほど嬉しいことはありません。（入江）

□注

（1）全集第一二巻三六四頁。本文の前の段落に引いた一文は同じ巻の三六二頁からのものです。

（2）鈴木大拙より西田幾多郎宛書簡、一九〇二年九月二三日付、『鈴木大拙全集〔増補新版〕』第三六巻、岩波書店、二〇〇三年、二二二頁。本文の次の段落における引用も同じ箇所からのものです。ただしふりがなは引用者が適宜補いました。

第七章　他者とともに社会を生きる――生き方・道徳の思想②

48

傍観者の判断はものごとの根本を見落し真相を逸する

傍観者の判断というものは、ものごとの根本を見落し、真相を逸するのがお決まりです。判断を受ける当の主人公は、判断を下す傍観者が見落している現実世界の一部分を知っているものであって、主人公はより多くを知っており、傍観者はより少ししか知らないのです。（『講話』）

どの観察者もそれぞれその独特な立場からして、部分的に他人より優れた洞察を得るものではありますけれども、真理の全体とか善の全体とかいうものは、どんな人に対してであれ、単一の観察者に対して啓示されるものではないのです。（同右）

『講話』に「生の諸理想」について語る学生向けの三章が付されていたことはことば40の解説

でふれました。そのうちの二番目の「人間におけるある盲目性について」と三番目の「生活を意義深くするものは何か」というエッセイは、若者にぜひとも伝えたいと考えたジェイムズの思想が詰まった重要なものです。右のふたつの「ことば」は少し抽象的なものですが、彼が伝えたかった内容を集約したものです。

「主人公」をあなた自身と考えてみましょう。あなたが大切にしているもの、たとえば歌でも本でも景色でもいいですが、あなたがどのようにそれらを大切に思っているか、あなたにとっての重要性のひとつひとつの細かい部分は、横にいる「傍観者」(spectator)からは容易には理解されません。言葉を尽くしてコミュニケーションをとればある程度わかりあえるでしょうが、それでも究極的にはあなた自身にしか感じ取れない何かしらが残ります。大事なことは、この関係は逆転させても同じように成り立つということです。隣にいる友人や知らない人を「主人公」と見た場合には、あなたが「傍観者」となり、その人の感じていること、見ていることについては部分的にしかわかりえないということになります。

このことを指して、私たちの誰もがとりつかれている「自分自身以外の生物や人間が感じていること」についての「盲目性」とジェイムズは表現します。そして、こうした「盲目性」の認識・自覚を強調することにはふたつの効用があるとします。ひとつには、他者の生活を無意味なものと断言することを禁じるという効能、ふたつには、より積極的に寛容と尊厳の心でもって他者に干渉するなかれと命ずるという効能です。ここからは彼のこうした思想の具体的な相をいくつかの「ことば」とともに見ていきましょう。（岸本）

ことば48

49

「熱情」こそが生活を意義深いものにする

ひとつの生活過程が、これを体験しつつ生きてゆく人に対してある熱情を与える、そういう場合にはいつでも、その人の生活は本当に意義の充実した生活になってくるものです。この熱情が存在している場合には、現実に対する強い興味があり、うずうずするような感じがあり、興奮した気分があるものです。そしてそういう場合にこそ、本当の、積極的な意味における「重要性」というものが存在しているのであって、そのような重要性でなければ重要性とは言いえないのです。

（『講話』）

何らかの「熱情」なるものが人の生を意義のあるものにする——どうやらこのようなことを言いたいようです。どういうことでしょうか。ジェイムズが言うには、その熱情というのは身体の活動に結びついている場合も、知覚や想像と結びついている場合も、反省的思考と結びついている場合もあるようです。たとえばスポーツの経験や美しい風景を眺める経験、読書などにのめりこむ経験を思い出せばよいかもしれません。

さきのことば48では、その人独自の「感じ」というものが重要なものとしてあり、傍観者はそれを容易に見てとることができないと言われました。傍観者の判断と当事者が持つ真理とが対比され、前者の限界が示されていたと理解できますが、今度は後者の当事者が持つ真理――「熱情」――の重要性が積極的に主張されています。ジェイムズはこの「ことば」の直後で、ロバート・ルイス・スティーヴンソンのエッセイ――『平野を横切りて』所収の「提灯あそび」――の一節を長く引用し説明していますが、そのなかでもジェイムズの言わんとしていることを理解するうえで非常に重要な箇所をふたつ紹介しておきましょう。

人間の想像力が示す多種多様なはたらきや底知れぬ童心は、正しく判定されていない。人の生活は外から見れば一塊の土くれにすぎぬように見えるかもしれぬ。しかしその生活の中核にはある黄金の密室が潜んでいて、そこにその人は喜びを味わいつつ安住しているものなのだ。そして観察者から見てその人の進路がいかに暗黒と見えようとも、その人は帯に何らかの種類の牛の目を携えているものなのである。

喜びを見落すことはすべてを見落すことだからである。行為する人の喜びのうちにこそ、いかなる行為の意味も存している のだ。これこそ行為の説明であり、行為の理由なのだ。

スティーヴンソンが少年時代に牛の目提灯（bull's-eye lantern）を携え、夜に友人とともに、しかし独力で闇のなかを歩くという遊びを描写したこの場面の一節を、ジェイムズは「スティーヴンソンの全作品中で私の知っている最も優れたもの」と述べています。「喜びを見落すことはすべてを見落すこと」、本当にその通りだ、と。ここでスティーヴンソンによって「人間の想像力が示す多種多様なはたらきや底知れぬ童心」、「ある黄金の密室」、そして「喜び」と表現されたものこそ、ジェイムズが「熱情」という言葉で言わんとしていたことでしょう。

じつは、個人の外側にあるものと内側にあるものとを区分し、内的なものの実在性を外的なものと同様に認めるこうした考え方は、ジェイムズの最初期の哲学論文からずっと見られるものでした。一八七八年の論文「スペンサーの心の定義についての意見」において彼は、外的存在が実在するのと同じ権利でもって、内的な「考え」も実在する――「考えの実在性」（the reality of a thought）――ことを主張していました。たとえば、目の前のコップが私たちの感覚に対して外的に存在を訴えかけているように、思考や感じは私たちの関心を内的に制約している——このように説明して、内的なものの実在する権利を擁護していたのです。九〇年代の終わりに表明されたその人独自の内なる「喜び」を重視する実践的な思想も、こうした最初期の哲学思想から連続するものと捉えることができます。ちなみに、こうした意識の「内」と「外」を実在として区分する考えは、後期になってジェイムズ自身により自己批判的に乗り越えられ、いわゆる「純粋経験」論が成立することになります（ことば7〜9を参照）。

もう一点、ジェイムズによって非常に高く評価されたスティーヴンソンについても付言しておきましょう。『宝島』や『ジーキル博士とハイド氏』の作者としてわが国でも知られている人物ですが、一八五〇年生まれで、ジェイムズと同時代のイギリス人小説家です。「ヴィクトリア時代」と呼ばれる当時の英国の小説界では、いわゆる「リアリズム」小説が全盛期であったと言われますが、一八八三年に書かれた彼の『宝島』はイギリス文学に「ロマンスの復興」をもたらしたとも評価されています。そう言えばさきほど取り上げた「提灯あそび」も、想像力をかきたてる一種の冒険ものでした。

また、スティーヴンソンは一八八七年に妻子を連れて米国へと渡っており、さらに南太平洋のサモアへと移住もしたことでも有名ですが、そうした立場から一八九二年に発表した『歴史への脚注』では欧米による南太平洋の植民地化政策への批判を展開しています。私たちは、ここにジェイムズとの思想上の共通点を見出すこともできます。というのも、右の「ことば」に代表される思想を含むエッセイが世に出されたのは一八九八年に米西戦争が勃発した直後(一八九九)であり、この講演自体はそれより前におこなわれていたとは言え、スティーヴンソンを引用しながらこうした思想を表明する書物を出版するという彼の行為自体が、米国によるフィリピンへの帝国主義的侵略ともとれる当時の自国の政策を批判する意図を持っていたと考えることができるからです。なお、米西戦争で勇名を馳せたセオドア・ルーズヴェルトはハーヴァードでのかつてのジェイムズの教え子でもありました。

ジェイムズの思想は、このように彼の生きた時代の性格から、社会思想として読み解かれるべき性質をも帯びているのです。(岸本)

50 内なる意義を洞察する一段と高級な視力

今までは生命のない外面的な仕方で考えていたにすぎない事物に対して、その内なる意義を洞察するに至るところの、このような一段と高級な視力というものは、往々にして突然に、ある人に与えられるものです。そしてこの視野が与えられますと、それはその人の個人史における画期となるのです。

（『講話』）

さきのことば48〜49で言われていた、「傍観者」からは容易には見出すことのできない当事者の感情であるところの「熱情」あるいは「喜び」は、今回の「ことば」では「内なる意義」と表現されています。これは通常の外側からの見方では把握することのできないものであり、それを洞察する視力をひとたび得られたならば、それがその人自身の個人史にとっての画期をなすということが言われています。

ジェイムズはラルフ・ウォルドー・エマソンの言葉やウィリアム・ワーズワスの詩など、さまざまな文章を引照することでこれを説明しようとしています。ここではそのなかでも重要なものとして紹介される、英国の自然作家リチャード・ジェフェリーズが一八八三年に出版した自伝的書物『我が心の物語』の内容にふれておきましょう。引用されるのは、ジェフェリーズが若い頃にとある丘の上で自然の生命——大地、太陽、空、明るさのなか見えない星、おそらくは遠くに広がる大海——を感受して恍惚状態に至った際の記録です。

ポイントはこうした恍惚状態を「外側から」眺めてもいっけん丘の上で休憩中の若者にしか見えないということであり、ジェフェリーズも記録のなかでそのことにふれています。ジェイムズはこうした恍惚のときはふつうの商業的価値標準からすれば何の値打ちもない時間であることを認めています。しかしその一方で、次のように述べるのです。ある一瞬の時間に含まれる内容によって誰かの心のなかに呼び起こされてくる「高揚した意義の感じ」こそ、その時間を貴重な時間だと考える場合のそれが持つ貴重さの本質であって、「もしこの感じがないとしたら、ほかのどんな種類の価値を持ち出したとしても、ある時間が貴重なものとされることはない」のだ、と。

それぞれの人にとって独自の時間の意義、感動の体験とでも言える一瞬のときが、おおよそ私たちが日常生活で大事にしがちな実践的な価値評価基準からすると隠されがちであり、ジェイムズがそうした重要性を「内側から」理解することを説いていたことは理解できました。では、そのようなものの見方はいったいどのようにして獲得することができるのでしょうか。

彼は、こうすれば感じることができるようになる、というようなできあいのレシピはないと言います。とはいえ、それを考えるためのヒントはあります。たとえば『講話』の前半部である「教師への講話」では、子どもを理解するひとつの仕方として「正確な観察」――外側からの理解――とは区別された「一般的な類推」があることが指摘されていましたが、この「類推」を「内側からの」理解のひとつのかたちと考えることはできます。もし自分が同様に感動する体験をしたことがあるのならば――これが内的理解の条件ともなりそうですが――、それとの類比関係でもって相手の感動の仕方がわかるということはありうるように思えます。（岸本）

51

生命が存在すると同時に一歩離れたところに死が存在する

生命が存在すると同時に、一歩離れたところには死が存在しています。そこにかつてあった、ただその種類の美しさがそこには存在しているのです。古き人類の闘争と、そしてその闘争の生み出した成果とは、ともに存在するものなのです。聖句と説教とが、現実的なものと理想的なものとが、一体になって存在しているのです。

（『講話』）

なにやら急に難しそうな「ことば」が現われました。生と死が同時に存在するというようなことが言われていて、神秘的な趣のせいか、とっつきにくい印象があります。しかしながら、この「ことば」はジェイムズの実践的な思想、道徳思想を理解するうえで非常に重要な彼の世界観を示しています。最後の文言がわかりやすいかもしれません。世界には、あるいは私たちの目の前には、「現実的なもの」と「理想的なもの」とが一体となり混ざりあって存在している――そう彼は言うのです。そして、そうした理想と現実が一体となっている全体としての世界を私たちが眺めるとき、しばしば一面的なものの見方を採用してしまう、このことに警鐘を鳴らしているようにも見えます。

彼はものの見方を、明示的にではありませんが、ふたつのパターンに分けています。ひとつが、「疲れ果てて生気を失った目から見るときは、すべてが死灰枯木のように、平凡で俗悪そのもので、退屈で、厭うべきものとなる」という場合で、こうしたものの見方、世界の見え方をドイツの哲学者アルトゥール・ショーペンハウアーやドイツ哲学の影響を大きく受け思想を形成した英国の著述家トーマス・カーライルに代表させます。彼らの見方は、「理想的なもの」をそれだけで切り離してしまっており、生き生きとした「現実的なもの」とそれとの総体のなかでものごとを捉えられていないということが述べられているようです（「理想主義」と訳されることもある観念論《アイディアリズム》に対するジェイムズの哲学的立場についてはことば6を参照）。

それに対して取り上げられるもうひとつのものの見方は、ウォルト・ホイットマンのそれです。ジェイムズは、ホイットマンを「ふつうの人間的差別をすべて捨て去り、あらゆる因習を解消してしまって、人間が持つもろもろの属性のなかで、人々みなが誰でも持っているような基本的属性というものはほとんどそれのみを愛し、讃美する」人物と評します。ジェイムズは彼の詩や手紙を引用し、そのなかに「人間の群衆」や「完全なる人々の流れ」（a perfect stream of people）を意義深いものと感じるホイットマンの特徴を見出します。

どんな人のなかにも、どんなに小さくともひとつひとつの感じ方がそれぞれにあり、それらが集まって全体としての人間の世界が成り立っている——このようなものの見方が読み取られているわけですが、ここで右の「ことば」を思い返すと、そうした「流れ」は現在のみならず、過去から未来にかけて生じては消えていく、生成の大きな動態を捉える世界観であることが見えてきます。聖書のなかの聖句は理想的なものとして説教され、語り継がれますが、歴史のなかのさまざまな現場のなかで異なる説教として現われ、また新たな聖句を生じさせたかもしれません。

理想と現実、より大きなものとより小さなものとを、長い時間のなかで「流れ」という動態において眺めるというこうした視座こそ、ホイットマンに共感しつつジェイムズが共有していたものと言えるでしょう。（岸本）

52

人はみな特別な相手のなかにさまざまな魅力や美点を見る

すべてのジャックは、彼にとって特別なジルのなかにさまざまな魅力や美点を見ているものですが、そうした魅力や美点の与える神秘的な作用に対して、われわれ鈍感なる見物人はまるで石くれのように無感覚でおります。

（『講話』）

『講話』に付された「生活を意義深くするものは何か」というエッセイからの一節です。ことば48～50で見た「傍観者」の視点の限界を、今度は「見物人」（onlookers）という言葉を用いながら、より具体的な表現でわかりやすく示している箇所です。主語になっている「ジャック」というのは男の子一般のことで、すべての男の子は自分にとって特別な人――ここでは「ジル」という女の子――の魅力的な側面を、傍から見ているだけの傍観者や見物人には見えない部分まで見ているのだと言われていると理解できます。

これはもちろん話をわかりやすくするための例です。男女の性別もここでは重要ではありません。では、一般論として彼が主張したかったことはどのようなことでしょうか。それは、どんな人でもありとあらゆる理想をすべて把握できるなどということはありえないのだから、どんな人もすべての理想に対して軽々と速断を下すようなことをしてはならない、ということです。人々がお互いの持つさまざまな理想について独断的な判断を下す態度をとることこそが人間の不正行為、残忍行為の大部分の根源をなすものである、とまでジェイムズは主張します（ジェイムズの多元主義的な世界観については、とくにことば6を参照）。

右のような考えをジェイムズはここで、「他人との交際において第一に心得ておくべきことは、他人がそれぞれ独特なやり方で幸福な生活を築こうとしているのに対して、そのやり方がわれわれ自身のやり方に暴力で干渉してくるようなものでない限りは何ら干渉を加えないということ」と説明していますが、こうした言い方は一八五九年に出版されたジョン・スチュアート・ミルの『自由論』が示した基本原理である、いわゆる他者危害の原則を思い起こさせます。じつは、ジェイムズは『プラグマティズム』の扉のページで、自分がプラグマティックな心の開かれ（pragmatic openness of mind）を最初に学んだのはミルからであるとして、その書物をミルの思い出へと捧げています。

私たちの目に映らない価値、内的意味こそが社会的、宗教的、政治的寛容の基礎であるとするジェイムズの思想は、倫理学的、政治学的文脈でも語りうる重要なものと言えるでしょう。

（岸本）

53

英雄的なものは身の周りの至るところに存在している

書物のなかに華やかに書き立てられている英雄的行為を見るときにのみ、ここに英雄的なものがあると認めるロマンティシズムは馬鹿げたものですが、畑仕事をしている男の汚い長靴や汗だらけのシャツのなかにのみ英雄的なものを見るということも、実にそれに劣らず馬鹿げたことです。じつは英雄的なものは、さまざまな変装の下に隠れてわれわれの身の周りの至るところに存在しているのです。ショトーカにも、みなさんのこのカレッジのなかにも、牧場や貨物列車にも、またロシアの宮廷に住む皇帝のなかにも、それはあるのです。

（『講話』）

こちらも「生活を意義深くするものは何か」からの「ことば」です。
ハーヴァード大学出版局版のジェイムズ著作集のなかで『講話』の解説を書いているジェラ

ルド・マイヤーズによると、このエッセイは多くの人にとってショトーカの集会の告発として記憶されていると言われます。右の「ことば」のなかにもありますが、この「ショトーカ」(Chautauqua)とはいったい何なのでしょうか。それは、ニューヨーク州にあるショトーカ湖の湖畔で一八七四年以来おこなわれてきた集会であり、夏期に野外において公開講義や音楽会などがおこなわれた催しのことを指しています。

ジェイムズもとある夏に一週間これに参加し、その体験をもとにこのエッセイを書きました。森のなかに美しく整備された町、人間の欲望をすべて満足させる設備の数々に彼の心はひととき奪われたようです。しかし、彼はそうした理想郷《ユートピア》的世界——「中産階級の天国」という言い方もしています——を離れて日常の俗世間に戻ってきたとき、安心する心地を覚えたと言います。かの世界は洗練されすぎている、と。右の「ことば」にある「書物のなかに華やかに書き立てられている英雄的行為」と同じで、生活から切り離されて存在する理想的なものに対して反発を覚えた彼がいました。「白刃閃めく戦闘や決死の進軍のなかにのみ、英雄的心理を求めるべきではなく、今日できあがりつつある鉄橋や耐火建築のある至るところに、それが求められるべきなのです」と。

しかし、ここで注意しておきたいことがあります。右の「ことば」をよく読み返してみましょう。彼は文化のなかで理想化された英雄的行為に距離を置きつつも、つるはしやシャベルでもって労働活動をおこなう者のなかにある「理想化されていない英雄的生活」のみを賛美することに対しても、同時に距離を置いています。英雄的なるものの諸相の遍在が認められている、と言ってよいでしょう。

このエッセイにおいてもジェイムズは、ことば49の解説でふれたスティーヴンソンの作品――『平野を横切りて』所収の「塵と影」――やトルストイの作品――『戦争と平和』や『わが懺悔』――を引照しながら、それらが表現する労働者や一兵士の徳に対する感受性を失わないようわれわれを啓発しますが、しかしそれが行きすぎてしまうことについても同時に注意していなければならないと警告しています。右の「ことば」は、彼のこうした微妙な立場が表明されたものでした。

どんなものであれ、理想化が行きすぎてしまうと他者理解が困難になり、社会的分断が生じてしまう。彼の社会思想を理解するうえで非常に重要な「ことば」でした。（岸本）

54

各人の幸福や不幸や意義は最も重大なひとつの神秘

お金持ちも貧乏人も、それぞれが、幸福とか不幸とか意義とかいうものが最も重大なひとつの神秘だという事実を無視しているのです。両者とも、幸福や不幸や意義などをまったく何か外的な状況の見当違いな特徴に結びつけてしまっているのです。このようにして、双方はいつまでもお互いに相手の視野の外に住み続けることになってしまうのです。

（『講話』）

これまでに見てきたジェイムズの思想は、彼が生きていた当時の状況において生じていたさまざまな社会問題に対しても適用されています。その代表的なものが「労働問題」です。彼はこの言葉で「あらゆる種類の無政府主義的不満や社会主義的計画、およびそれらが呼び起こす保守的な抵抗運動」のすべてを意味していると言いますが、『講話』が刊行された年が一八九九年であることを考えれば、この時代の代表的な労働問題と言えばなんといっても一八九四年に起こった大事件「プルマン・ストライキ」でしょう。

ジョージ・モーティマー・プルマンが創業し鉄道車両の製造や鉄道運行を手掛けていたプルマン社において、この年、業績悪化にともなう労働者解雇や賃下げに対する大規模なストライキが起こりました。鎮圧に連邦軍まで投入されたこのストライキが当時の人々に与えた衝撃は大きく、出版当時のジェイムズもこの大事件を強く意識していたことでしょう。そうでなくても、当時はこのような労働問題をはじめとする社会の分断を契機とした事件がたびたび起こりうる土壌が用意されていたと言え、そうした雰囲気のなかジェイムズも問題の本質について考えをめぐらせていたのです。

彼が考えた問題の本質とはどのようなものでしょうか。彼は、こうした社会の分断に関わる問題の起源を相互の無理解に求めます。双方が、互いの内的な理想に対して「盲目」であることが問題の本質であると言うのです。たとえば、貧乏な人はお金持ちをたんなる財布や銀行のようなものとしか見ておらず、彼らが実際のところ内に秘めている理想についてはまったく見えていないと言います。同様に、お金持ちは貧乏な人に対してときに感傷的な慈善を施そうとしますが、その場合も相手の生活のなかにある内的な喜びについては理解が足りていないと言うのです。いずれにせよ、双方がお互いを簡単に外的な条件に結びつけてしまっており、そこから内的理想という神秘を無視するという状況が生まれているとしています。

では、私たちはどうすればいいのでしょうか。彼は「立体的で三次元的な感受性《センス》」が重要であることを示唆しています。明確な定義がなされているわけではありませんが、相手をそれぞれに独自な内的理想を持つ者として想像し、理解することの重要性が説かれていると考えることができるでしょう。さまざまな時代に、さまざまな場所で、それぞれの状況のなかを生きる人々がいる。そうしたあり方を示す人間という存在を、個々独自なものとして眺めると同時に、状況との関係において捉えようとする立体的な感受性を保つこと――こうした助言は、これまでに見てきた彼の世界観や哲学思想、心や人間に対する理解、教育観や人間形成思想と相互に関連する、具体的な生き方についての彼からのメッセージと言えるでしょう。（岸本）

ことば54

55 信仰はわれわれの心の生得権として残り続ける

このように信仰は、われわれの心の奪うことのできない生得権のひとつとして残り続ける。もちろん、信仰は独断的な態度ではなく、実際的な態度でなければならない。またそれは、ほかの信仰に対する寛容と、最も蓋然的なものを追求する態度と、責任と危険に対する十分な自覚とを伴うものでなければならない。

（『哲学の諸問題』）

右の「ことば」は「信仰と信じる権利」と題された短い論文からです。『哲学の諸問題』の付録として公刊され、ジェイムズの信念論、信仰論を考察するうえで重要なテキストです。

ことば42では、信じること一般に関するジェイムズの議論を見ましたが、ここでは信仰（人生全般の理想や神の存在などのように、あらかじめ理論的には決定できないものを信じること）とそれに基づく行動に対する責任について述べられています。刻々と移り行くこの世界のなかで、自分の目標・理想の実現に向けた行動を怠るならば、それはその実現を積極的に妨害しているのと同じことになります。

けれども、ジェイムズの主張は、信じたいものをやみくもに信じればいいというようなことではありません（当時からそのような誤解はありましたが）。それは、信じる対象が神や理想のような、前もって真偽が確定されないものである場合も同じです。ジェイムズは、選択が気ままになされるべきではなく、どんな人も特定の立場を選んだ以上その結果を引き受けなければならないとも論じているからです。もちろん現実には、自分の責任を回避し、自分の行為が引き起こした結果から目を背ける人もいるでしょう。しかし、ジェイムズはそのような人を弁護しているのではなく、「責任を負った勇気」、「自分自身の責任においてみずからの個人的信仰に没頭する個人の権利」の正当性を論じています（『信じる意志』の序を参照）。言い換えれば、ジェイムズは、自分勝手な選択を批判する一方で、選択の結果を引き受けるという責任を負う限り、その人の信じるという営為が正当であると述べているのです。（大厩）

56

道徳という見地から見ると人生はひとつの戦いである

> 道徳という見地から見ると人生はひとつの戦いであり、そうした道徳にとって最高のことは一種の宇宙的愛国心を持つことである。
> （『宗教的経験の諸相』）

非常に勇ましい「ことば」ですが、まずはこの「ことば」がどのような文脈で述べられているかを確認しておきましょう。これは、『諸相』のなかでジェイムズが「宗教」の特徴は何か、「道徳」の特徴は何かといったことを説明する過程で登場します。著作全体の力点は前者にあるのですが、後者にも美点があるということを示すためにこの「ことば」が述べられています。では、「道徳」という見地からみた生活が「戦い」（war）であるとはどういうことなのでしょうか。また「宇宙的愛国心」（cosmic patriotism）とはどのようなものだと考えられるのでしょうか。以下の解説ではそれを明らかにしていきます。

ジェイムズにとって「道徳」が求める生活とは、自分の持つ欲求だけに支配されるのではなく、他人や社会のことを考慮に入れながら送る生活のことでした。日常的な事例で言えば、電車のなかで座席に座りたいという自分の欲求があるにもかかわらず、電車内で座ることをより必要としている他人のために席を譲るといった行為などは、「道徳」が要求する行為の典型的な例だと言えるでしょう。

しかし、この「道徳」的生活が簡単に送れるようなものではないことは明らかです。まず、他人のことを考慮に入れると言いますが、私たちは苦しんでいたり、いやな思いをしている他人がそもそも存在していることに気づかないことが多いのです。たとえば、基地や原発の近くに住まなくてはいけない人のストレスや、マイノリティに属する人の辛さなどをどこまで理解できているでしょうか。

また、人間は弱いもので、気を抜くとすぐに自分の欲求を満たすことを優先させてしまいます。もちろん誰にも迷惑をかけない、あるいはほかの誰かの欲求の実現を妨げないのであれば、自分の欲求を満たすことにはまったく問題はありません。ですが、本当に自分の欲求を満たすことが他人に迷惑をかけないのかは、じつは簡単にわかることではありません。文化や育ってきた環境が違えば、何が他人に迷惑をかけるのかは違うのです。たとえば日本において、電車のなかで大音量で音楽を聴いている人がいた場合、いやな思いをする人が一定数いるでしょう。

しかし、そうした行為が迷惑でもなんでもない文化も存在するのです。

ここで、「ことば」のなかの「宇宙的愛国心」という語の重要性が明らかになります。この「宇宙的愛国心」とは自分自身、または自分の所属する文化圏や国のことだけでなく、全宇宙のことを気にかける気持ちのことを表していると考えることができます。つまり、自分や自分の属するコミュニティの人々だけでなく、全世界、さらに全宇宙のことをも考えることがこの語では意味されているのです。

自分の行動が人にいやな思いをさせていないかといったことや、苦しんでいる他者がいるのではないかということをつねに気にするのは非常に大変で、骨の折れることです。こうしたことも含めて、ジェイムズは「道徳」的生活のことを「戦い」と言っていると考えられます。しかしその「戦い」というフレーズは厳しさを表すと同時に、私たちの気持ちを奮い立たせてくれるものでもあります。

他人のことを考えて生きるということに関連して、「他人はあくまで他人であって理解できないから、理解する必要もない」という意見を耳にすることがあります。しかし、そもそも「理解」というのはオールオアナッシングでなされることではありません。たしかに価値観の異なる他人のすべてを理解しようとするのは、絶望的な気持ちになるほど難しいことかもしれませんが、だからといってまったく理解できないということもないでしょう。ですので、「他人なんて理解できないから理解しなくてもよい」ということにはならないのです。完全な理解こそ無理でも、他人に歩み寄って理解しようと試み続けること、「戦い」続けることは、現代を生きる私たちにとってますます重要になっているといえるのではないでしょうか。（岩下）

特別寄稿

ジェイムズとF・C・S・シラーの「ヒューマニズム」の哲学

町本亮大

一九〇七年に出版されたジェイムズの著書『プラグマティズム』の第七章は「プラグマティズムとヒューマニズム」と題されています。ジェイムズ自身もはっきりと認めているように、ここでいわれる「ヒューマニズム」とは、英国のプラグマティストであるF・C・S・シラー（一八六四〜一九三七）の哲学的立場を指す言葉です。この章では、しばしば批判の目にさらされるシラーのヒューマニズムの擁護を目指すことが宣言されています。ここで哲学に関心をお持ちの読者の方であれば少し不思議に思うかもしれません。このシラーという人物はいったい何者なのか？プラグマティズムというのは米国独自の哲学であったはずだし、その代表的哲学者と言えば、ジェイムズと並んでパースとデューイという三人の米国の哲学者の名前を挙げるのが今ではふつうのことになっているからです。
しかしこれは昔からずっと「ふつうのこと」であったわけではありません。たとえば二〇世紀を代表する哲学者であるバートランド・ラッセルは、一九二八年に出版された論集のなかで、「プラグマティズムの創始者三人」としてジェイムズ、シラー、デューイの名前を挙げ、彼らをそれぞれ「宗教的、文学的、科学的」プラグマティズムの主唱者として特徴づけています。[1] ラッセルにとって、シラーはジェイムズやデューイと並べて紹介しなくてはならない重要な哲学者であったのです。
シラーは米国のコーネル大学に職を得た一八九〇年代半ばの数年間のあいだにジェイムズと知り合い、それ以後、二人は終生よき友人同士であり続けました。ジェイムズはシラーの思想とパーソナリティをたいへん気に入り、一九一〇年、死を目前にシラーに宛てた手紙のなかでは、プラグマティズムの「大義」を彼の手に託す旨の言葉を残して世を去っているほどです。[2]
これほどジェイムズにとって重要な人物であったシラーですが、彼は一九三七年の死後まもなく忘れられた哲学者となりました。その原因はいろいろと推測することができるのですが、ひとつにはシラーが危ない哲学者であったことが関係していると思われます。プラグマティズムは一般的にデモクラシーと親和的な哲学的立場であると考えられているのですが、シラーはむしろファシズムに共感的な見解を表明したり、優生学と呼ばれる怪しい「科学」にコミットしたりと、どうも現在抱かれるプラグマティズムのイメージにうまくそぐわないところがあるのです。シラーはドイツの哲学者であるニーチェの影響下でみずからの哲学的立場を形成した可能性が高く、優生学の力によって「超人」を作り出そうというような、現在の良識的な観点からすればかなり危険に見えるアイディアを持っていました。

さまざまな要因が重なって、現在シラーが読まれなくなっている状況については英語圏においても事情は同じなのですが、日本の現状となればさらに寂しい状態ですから、本稿ではシラーという人物とそのヒューマニズムの哲学を簡単に紹介してみたいと思います。

ヒューマニズムとは文字通りには「人間主義」という意味で、シラーのヒューマニズムは、人間、とくにそれぞれ独特の個性的人格を持った個人としての人間をあらゆる思索の出発点に据える哲学的立場です。シラーは、哲学や論理学、科学といった知的営みのあり方について考えるなかで、知識、真理、事実、実在のようなさまざまな概念は、人間の精神のはたらきと無関係にそれ自体として問題化しうるものではないという発想にいたりました。「人間」という観点を抜きにして物事を考えることなどできないという立場に立つヒューマニズムの哲学がどんなものであるか、次のように考えてみてください。

真理とか事実とは、まるで人間が探求に乗り出す前からそこにあり、あるときたまたま人間によって発見されるものであるかのように語られることがあるけれども、じっさいには人間が「作り出す」ものである。というのも、人間がただ漫然と世界を眺めていたところでそこには混沌とした現実が広がるばかりで、世界は意味のあることを何も語りかけてこないのだから。

世界がなにがしか意味のあるものとして立ち上がってくるためには、人間による能動的な働きかけが必要で、その際、働きかける人間がいかなる関心を持っているのか、どんな角度から世界を見ているのか、世界をどうしたいと思っているのか、といった人間側の要因を考慮に入れずに、客観的で中立的な世界そのものについて語ることはできないのです。シラーは次のように言います――「いまわたしたちに見えている世界は、わたしたちが生きるなかで抱く関心を映し出したものだと考えることができる」(3)。

世界に関する真理や事実を問題にするには、その前に世界に対して何らかの疑問や仮説を投げかけなくてはなりません。そしてそうした疑問や仮説とは往々にして、人間が世界を生きるなかで何らかの困難に突き当たった際に、問題解決に役立ってほしいという期待のもとで生み出されるものです。そうだとすれば、人間の必要によって作り出された疑問や仮説に応じる形で生じてくる真理や事実のあり方というのもやはり人間の手によって「作られる」ものと考えることができるのです。

ことば5で解説されたように、ジェイムズは真理とはつねに「特定の観点・目的」と結びついたものであると考えました。シラーのヒューマニズムの哲学が、こうしたジェイムズの立場と深い関わりを持つものであることがおわかりいただけるのではないでしょうか。ジェイムズとの関連で少し専門的に用語の整理をしておくと、シラーは、ジェイムズが「信じる意志」と呼んだものを拡大して「仮定する権利」という言い方で表現し直しました(4)(ことば42、44参照)。シラーによれば、論理学における公理のようなもっとも自明に思えるものも含むあらゆる知識が、煎じつめればけっきょくのところは「仮定」にすぎないのです。

ジェイムズは『真理の意味』（一九〇九）のなかで、シラーの哲学について次のように語っています――「シラーは、誤りを犯しがちな個人のもとにとどまり、その個人にとっての現実だけを扱っていて、多くの読者にとっては、シラーが現実そのものをすっかり無視してしまっているように思える。しかし、それはシラーが真理というものがどのようにして獲得されるかだけを語ろうとしているからであって、獲得された真理の中身がどんなものであるかを語ろうとはしないからなのだ」。ジェイムズは、彼自身は客観的現実という抽象的なアイディアを仮説的に立てるところからスタートするという「戦略」をとるために、シラーと自分とでは説明の辿る道筋が異なるけれども、それでもシラーの考え方は基本的に自分と「まったく同じ」なのだと語っています[5]。

シラーとジェイムズの密接な関わりについてより深く考えるために、最後に哲学史的な背景を一点だけ紹介しておきましょう。ことば6の解説で見たように、ジェイムズはT・H・グリーンやF・H・ブラッドリーといったイギリス観念論と呼ばれる学派に属する哲学者たちを批判しながらみずからの立場を確立していきます。英国の哲学と言えば経験論、というのが現在の常識的な考え方になっていますが、一九世紀末から第一次大戦に至る頃までの英国において支配的な哲学的潮流はドイツ的な観念論だったのです。

イギリス観念論の牙城と言えばオックスフォード大学のベイリオル・カレッジでしたが、まさにこのカレッジで教育を受け、そこで支配的であった哲学のあり方に反発する形でヒューマニズムの哲学を構想したのがほかならぬシラーでした。観念論者のブラッドリーらが提示する哲学は、独特のパーソナリティを持った個別の人格を、単なる「絶対者」の表現としての役割に還元しかねないという点で、シラーには受け入れがたいものだったのです。

シラーは、一人ひとりのパーソナリティの特異性を重視する立場に終生固執しました。このような背景から、彼は多元的な宇宙といった理念をジェイムズと共有することになるのです。人間の実存への関心、多元主義的志向、「開かれた」宇宙という構想――このような視点からジェイムズの哲学を見ていくとき、パースやデューイといった現在よく知られたプラグマティストたちとひとくくりにして見るよりも、シラーとの関係性に注目するほうがすっきりと整理できることが少なくありません（ことば13、24、48、49参照）。

ヒューマニズムという言葉によって、個々の「人間」を重視する姿勢をはっきりと表明し続けたシラーは、ジェイムズという人とその思想を理解するのにも欠かすことのできない哲学者なのです。[6]

□注

（1）バートランド・ラッセル『懐疑論集』東宮隆訳、みすず書房、一九六三年、六三頁。

（2）一九一〇年八月八日付書簡。Corr., 12:573. ジェイムズの著作および書簡から引用する際の出典の表記法に関しては、巻末の「原文一覧」をご参照ください。

（3）F. C. S. Schiller, *Studies in Humanism*, 2nd ed. (London: Macmillan, 1912), 200.

（4）F. C. S. Schiller, *Logic for Use* (London: G. Bell and Sons, 1929), 339.

（5）MT, 132-33／邦訳、一二五―一二六頁。

（6）シラーについてより詳しく知りたい方は、次の文献を参照してください。*F. C. S. Schiller on Pragmatism and Humanism: Selected Writings, 1891–1939*, ed. John R. Shook and Hugh P. McDonald (Amherst, NY: Humanity Books, 2008). シラーの著述活動の全領域から代表的な論考を拾って収録した選集です。七つのパートそれぞれに導入として付された編者による序文をまとめて読むだけでもシラーの全体像をつかむ手がかりが得られます。より詳しい参考文献についてもこの本を参照してください。

おわりに

当初の見通しをはるかに超える難産となりました。本書を通してジェイムズという人物により関心を持ってもらいたい、そうした著者らの願いから少しでもよい書籍を目指した結果ですから喜ぶべきことではあるのですが、何とか出版まで辿り着くことができ、とにもかくにもほっとしているというのが本心です。

二〇一六年の一〇月の終わりごろ、教育評論社の小山香里さんから、ウィリアム・ジェイムズのことばを集めた書籍を作ることはできないだろうかという依頼がありました。編者はちょうどその頃、ある研究会でジェイムズを中心に米国思想関連の論文を集中的に読んでいました。「アメリカ哲学フォーラム」という学会の二〇一五年度年次大会の懇親会を背景に生まれ、その年の七月から活動を開始した「世紀転換期アメリカ思想研究会」という研究会です。その会のメンバーに本書の企画の話を持ちかけたところ、協力の快諾を得ることができました。執筆の役割については「はじめに」で述べたので割愛しますが、本書の共著陣が集まったのはそのような事情によります。

専門性を失わず、しかも読み物として面白いものを作る——言うのは簡単ですし、実際にそれが成功しているかどうかは読者の皆さまにご判断いただきたいと考えますが、そうした編者の願いが幾分かでも現実のものとなったのは、共著者の方々がそれぞれの専門性を活かしつつも、わかりやすく書こうと努めてくださったことの結果です。共著の方々の力量、協力に感謝するばかりの作成過程でした。

本書ができあがる過程で、さまざまな方が協力してくださいました。すべての方々のお名前を挙げることはできませんが、とりわけ次の方々からは格別のお力添えをいただきました。さきにふれました「世紀転換期アメリカ思想研究会」の現在のメンバーである、法政大学大学院人文科学研究科院生の岡村洋子さんには、原稿の一部を事前に読んでもらい、非常に有益な指摘をいただきました。同様に、編者の元同僚である作新学院大学女子短期大学部の伊藤敦広さんにも、事前に原稿を読んでもらい、やはり有益な指摘をいただきました。すべて本書の内容に反映させていただきました。もちろん、なおも本書に不備や誤り、わかりにくさが残ってしまっているとすれば、それは著者らの、とりわけ編者の責任であることは言うまでもありません。

また、表紙の絵のデザインにつきましては、作新学院大学女子短期大学部時代の編者の教え子で、同短大卒業生の松沼恵里佳さんが描いてくださいました。なるべく多くの方に手に取っていただきたいという思いから、哲学の古典という堅いイメージと幅広い読者に開かれた一般書という柔らかいイメージを併せ持つ絵をお願いしたところ、みずみずしくも風格のあるぴったりな絵を生み出してくださいました。

そのほかにも多くの方々との交流、さまざまな方々からのご指導、場の提供があったからこそ、本書はできあがりました。たいへん個人的なことにはなりますが、編者が本書の原稿のほとんどを書き上げた宇都宮の愛するコーヒーショップの店員の方々や、いつも仕事終わりに本書の完成を応援してくださった宇都宮駅近くの寿司店の職人さんたちには心の底から感謝しています。同じように、共著者たちそれぞれが、それぞれの周りの方々や環境、文脈に対して特別な思いを抱いていると思います。共著陣を代表して、ここに感謝の意を表します。

最後になりましたが、さきにお名前を挙げました教育評論社の小山さんには、原稿執筆過程から、校正、出版に至るまで、さまざまなかたちで励ましのお言葉をいただきました。ジェイムズについて詳しく紹介できる貴重な機会をいただきましたこととともに、記して感謝申し上げます。

二〇一八年五月二八日

著者を代表して　岸本　智典

Perry, Ralph Barton. *In the Spirit of William James*. Bloomington: Indiana University Press, 1958.

———. *The Thought and Character of William James*. 2 vols. Boston: Little, Brown, 1935.

Pizer, Donald, ed. *The Cambridge Companion to American Realism and Naturalism: Howells to London*. Cambridge: Cambridge University Press, 1995.

Putnam, Ruth Anna, ed. *The Cambridge Companion to William James*. Cambridge: Cambridge University Press, 1997.

Richardson, Robert D. *William James: In the Maelstrom of American Modernism*. Boston: Houghton Mifflin, 2006.

Sontag, Susan. *Alice in Bed: A Play in Eight Scenes*. New York: Farrar, Straus and Giroux, 1993.

Stevenson, Robert Louis. *Across the Plains, with Other Memories and Essays*. New York: Charles Scribner's Sons, 1892.

リード、エドワード・S『魂《ソウル》から心《マインド》へ——心理学の誕生』村田純一＋染谷昌義＋鈴木貴之訳、青土社、2000 年。
ロウ、スティーヴン・C『ウィリアム・ジェイムズ入門——賢く生きる哲学』本田理恵訳、日本教文社、1998 年。
ヤング、ロバート・M「観念連合」本間謙二訳、フィリップ・P・ウィーナー編『西洋思想大事典』第 1 巻所収、平凡社、1990 年、517–24 頁。

〈英語文献〉

"Chronology." In *Writings, 1878–1899*, by William James, 1139–67. Edited by Gerald E. Myers. New York: Library of America, 1992.
Curti, Merle. *The Social Ideas of American Educators.* Totowa, NJ: Littlefield, Adams, 1974.
Ford, Marcus Peter. *William James's Philosophy: A New Perspective*. Amherst: University of Massachusetts Press, 1982.
Gale, Richard M. *The Divided Self of William James.* Cambridge: Cambridge University Press, 1999.
Garrison, Jim, Ronald Podeschi, and Eric Bredo, eds. *William James and Education.* New York: Teachers College Press, 2002.
Geiger, Roger L. *To Advance Knowledge: The Growth of American Research Universities, 1900–1940*. New York: Oxford University Press, 1986.
Jackman, Henry. "William James." In *The Oxford Handbook of American Philosophy*, edited by Cheryl Misak, 60–86. Oxford: Oxford University Press, 2008.
Kuklick, Bruce. *A History of Philosophy in America, 1720–2000*. Oxford: Oxford University Press, 2001.
———. *The Rise of American Philosophy: Cambridge, Massachusetts, 1860–1930*. New Haven, CT: Yale University Press, 1977.
Lamberth, David C. *William James and the Metaphysics of Experience*. Cambridge: Cambridge University Press, 1999.
Lewis, R. W. B. *The Jameses: A Family Narrative*. New York: Farrar, Straus and Giroux, 1991.

奥野政元「W. ジェイムス著 “A Pluralistic Universe” への漱石の書き込み」、『活水論文集　現代日本文化学科編』第 32 号、活水女子大学、1989 年、79–97 頁。

———「W. ジェイムズ著 “The Varieties of Religious Experience” への漱石の書き込み」、『活水日文』第 19 号、活水女子大学、1989 年、50–87 頁。

加賀裕郎＋高頭直樹＋新茂之編『プラグマティズムを学ぶ人のために』、世界思想社、2017 年。

グッドマン、ラッセル・B『ウィトゲンシュタインとウィリアム・ジェイムズ――プラグマティズムの水脈』嘉指信雄＋岡本由起子＋大厩諒＋乗立雄輝訳、岩波書店、2017 年。

コーネリアス、ランドルフ・ランディ『感情の科学――心理学は感情をどこまで理解できたか』斉藤勇訳、誠信書房、1999 年。

ジェイムズ、アリス『アリス・ジェイムズの日記』舟阪洋子＋中川優子訳、英宝社、2016 年。

スミス、ジョン・E『アメリカ哲学の精神』松延慶二＋野田修訳、玉川大学出版部、1980 年。

鶴見俊輔『アメリカ哲学』、こぶし書房、2008 年。

テイラー、チャールズ『今日の宗教の諸相』伊藤邦武＋佐々木崇＋三宅岳史訳、岩波書店、2009 年。

新倉俊一『アメリカ詩入門』、研究社、1993 年。

パトナム、ヒラリー『プラグマティズム――限りなき探究』高頭直樹訳、晃洋書房、2013 年。

藤波尚美『ウィリアム・ジェームズと心理学――現代心理学の源流』、勁草書房、2009 年。

ブラム、デボラ『幽霊を捕まえようとした科学者たち』鈴木恵訳、文春文庫、2010 年。

ホワイト、モートン『アメリカの科学と情念――アメリカ哲学思想史』村井実＋田中克佳＋松本憲＋池田久美子訳、学文社、1982 年。

眞壁宏幹編『西洋教育思想史』、慶應義塾大学出版会、2016 年。

宮本盛太郎＋関静雄『夏目漱石――思想の比較と未知の探究』、ミネルヴァ書房、2000 年。

メナンド、ルイ『メタフィジカル・クラブ――米国 100 年の精神史』野口良平＋那須耕介＋石井素子訳、みすず書房、2011 年。

文献一覧

◎ジェイムズの著作の邦訳（「原文一覧」で挙げたものを除く）

『心理学精義』福来友吉訳、同文館、1902 年。
＊ PBC の全訳。
『ウィリアム・ジェイムズ著作集 5　プラグマティズム』桝田啓三郎訳、日本教文社、1960 年。

『ウィリアム・ジェイムズ著作集 3　宗教的経験の諸相　上』桝田啓三郎訳、日本教文社、1962 年。

『ウィリアム・ジェイムズ著作集 4　宗教的経験の諸相　下』桝田啓三郎訳、日本教文社、1962 年。

「哲学の根本問題」上山春平訳、『世界の名著 48　パース　ジェイムズ　デューイ』所収、中央公論社、1968 年、263–388 頁。
＊ SPP の全訳。
『純粋経験の哲学』伊藤邦武編訳、岩波文庫、2004 年。
＊ ERE および PU の重要な章の訳が収められています。
『プラグマティズム古典集成――パース、ジェイムズ、デューイ』植木豊編訳、作品社、2014 年。
＊ WB および MT の重要な章に加えいくつかの論文の訳が収められています。

◎本書の執筆に際して参照した文献（コラムなどの注で挙げたものを除く）

〈日本語文献〉


石塚久郎編『イギリス文学入門』、三修社、2014 年。

伊藤邦武『ジェイムズの多元的宇宙論』、岩波書店、2009 年。

伊藤邦武編『哲学の歴史　8　社会の哲学』、中央公論新社、2007 年。

魚津郁夫『プラグマティズムの思想』、ちくま学芸文庫、2006 年。

冲永宜司『心の形而上学――ジェイムズ哲学とその可能性』、創文社、2007 年。

55
Faith thus remains as one of the inalienable birthrights of our mind. Of course it must remain a practical, and not a dogmatic attitude. It must go with toleration of other faiths, with the search for the most probable, and with the full consciousness of responsibilities and risks.（SPP, 113／邦訳、199頁）
解説中で引用したことばはWB, 8／邦訳、5頁。

56
And for morality life is a war, and the service of the highest is a sort of cosmic patriotism.（VRE, 45／邦訳、上巻73頁）

51

There is life; and there, a step away, is death. There is the only kind of beauty there ever was. There is the old human struggle and its fruits together. There is the text and the sermon, the real and the ideal in one.（TT, 144／邦訳、253頁）

解説で参照した箇所はTT, 141–45／邦訳、244–55頁。

52

Every Jack sees in his own particular Jill charms and perfections to the enchantment of which we stolid onlookers are stone-cold.（TT, 150／邦訳、266頁）

解説で引用したことばはTT, 150／邦訳、265–66頁。

53

If it is idiotic in romanticism to recognize the heroic only when it sees it labelled and dressed-up in books, it is really just as idiotic to see it only in the dirty boots and sweaty shirt of someone in the fields. It is with us really under every disguise: at Chautauqua; here in your college; in the stock-yards and on the freight-trains; and in the czar of Russia's court.（TT, 159／邦訳、284–85頁）

解説で参照した箇所はTT, 151–59／邦訳、269–85頁。

54

Each [of the rich man and the poor man] . . . ignores the fact that happiness and unhappiness and significance are a vital mystery; each pins them absolutely on some ridiculous feature of the external situation; and everybody remains outside of everybody else's sight.（TT, 166／邦訳、299頁）

解説で引用したことばはTT, 167／邦訳、301頁。

◎第七章　他者とともに社会を生きる

48

The spectator's judgment is sure to miss the root of the matter, and to possess no truth. The subject judged knows a part of the world of reality which the judging spectator fails to see, knows more whilst the spectator knows less.（TT, 133／邦訳、227頁）

[N]either the whole of truth, nor the whole of good, is revealed to any single observer, although each observer gains a partial superiority of insight from the peculiar position in which he stands.（TT, 149／邦訳、264頁）

49

Wherever a process of life communicates an eagerness to him who lives it, there the life becomes genuinely significant. . . . [W]herever it is found, there is the zest, the tingle, the excitement of reality; and there *is* 'importance' in the only real and positive sense in which importance ever anywhere can be.（TT, 134–35／邦訳、230–31頁）
解説で参照した箇所はTT, 135–38／邦訳、231–38頁。

50

This higher vision of an inner significance in what, until then, we had realized only in the dead external way, often comes over a person suddenly; and when it does so, it makes an epoch in his history.（TT, 138–39／邦訳、239頁）
解説で参照した箇所はTT, 111–12／邦訳、186–89頁。

44

Meanwhile we have to live today by what truth we can get today, and be ready tomorrow to call it falsehood.（P, 107／邦訳、223頁）

He who acknowledges the imperfectness of his instrument, and makes allowance for it in discussing his observations, is in a much better position for gaining truth than if he claimed his instrument to be infallible.（VRE, 267／邦訳、下巻119頁）

45

The concrete dilemmas do not come to us with labels gummed upon their backs. We may name them by many names. The wise man is he who succeeds in finding the name which suits the needs of the particular occasion best.（PBC, 370／邦訳、下巻278頁）

46

How many women' s hearts are vanquished by the mere sanguine insistence of some man that they *must* love him!（WB, 28／邦訳、34頁）

47

Be not afraid of life. Believe that life is worth living, and your belief will help create the fact.（WB, 56／邦訳、85頁）

machinery, and let it run free; and the service it will do you will be twice as good.（TT, 127–28／邦訳、217頁）
解説で引用したことばはTT, 128／邦訳、218–19頁。

◎第六章　この「私」はどう生きればよいか

41
No two of us have identical difficulties, nor should we be expected to work out identical solutions. Each, from his peculiar angle of observation, takes in a certain sphere of fact and trouble, which each must deal with in a unique manner.（VRE, 384／邦訳、下巻341頁）

42
It seems *a priori* improbable that the truth should be so nicely adjusted to our needs and powers as that. In the great boarding-house of nature, the cakes and the butter and the syrup seldom come out so even and leave the plates so clean.（WB, 27／邦訳、31頁）

43
In the total game of life we stake our persons all the while; and if in its theoretic part our persons will help us to a conclusion, surely we should also stake them there, however inarticulate they may be.（WB, 78–79／邦訳、125頁）
解説中で引用したことばはWB, 17／邦訳、11頁。

37

Up to the eighth or ninth year of childhood one may say that the child does hardly anything else than handle objects, explore things with his hands, doing and undoing, setting up and knocking down, putting together and pulling apart.（TT, 43／邦訳、60頁）

解説で引用したことばはTT, 44／邦訳、60–61頁。

38

Cramming seeks to stamp things in by intense application immediately before the ordeal. But a thing thus learned can form but few associations. On the other hand, the same thing recurring on different days, in different contexts, read, recited on, referred to again and again, related to other things and reviewed, gets well wrought into the mental structure.（TT, 80／邦訳、130頁）

解説で参照した箇所はTT, 76–77, 87／邦訳、121–24、143頁。引用したことばはTT, 227–28／邦訳、下巻44頁。

39

Depend upon it, no one need be too much cast down by the discovery of his deficiency in any elementary faculty of the mind. What tells in life is the whole mind working together, and the deficiencies of any one faculty can be compensated by the efforts of the rest.（TT, 84／邦訳、137頁）

解説で引用したことばはTT, 86–87／邦訳、141–42頁。

40

When once a decision is reached and execution is the order of the day, dismiss absolutely all responsibility and care about the outcome. *Unclamp*, in a word, your intellectual and practical

34
I say . . . that you make a great, a very great mistake, if you think that psychology, being the science of the mind's laws, is something from which you can deduce definite programmes and schemes and methods of instruction for immediate school-room use. Psychology is a science, and teaching is an art; and sciences never generate arts directly out of themselves. An intermediary inventive mind must make the application, by using its originality.（TT, 15／邦訳、7–8頁）

35
Your pupils, whatever else they are, are at any rate little pieces of associating machinery. Their education consists in the organizing within them of determinate tendencies to associate one thing with another—impressions with consequences, these with reactions, those with results, and so on indefinitely.（TT, 57／邦訳、84–85頁）
解説で引用したことばはTT, 27／邦訳、31頁。

36
Ought we seriously to hope that marks, distinctions, prizes, and other goals of effort, based on the pursuit of recognized superiority, should be forever banished from our schools?（TT, 41／邦訳、55）

The feeling of rivalry lies at the very basis of our being, all social improvement being largely due to it.（TT, 40–41／邦訳、55頁）

Genius, in truth, means little more than the faculty of perceiving in an unhabitual way.（PBC, 286／邦訳、下巻141頁）

The great maxim in pedagogy is to knit every new piece of knowledge on to a preëxisting curiosity—i.e., to assimilate its matter in some way to what is already known.（PBC, 286n5／邦訳、下巻142頁注）
解説で参照した箇所はPBC, 128–30／邦訳、上巻193–96頁。

◎第五章　私たちは何になりうるか

32
[M]y main desire has been to make them [teachers] conceive, and, if possible, reproduce sympathetically in their imagination, the mental life of their pupil as the sort of active unity which he himself feels it to be.（TT, 3／邦訳、2頁）

33
[I]t fructifies our independence, and it reanimates our interest, to see our subject at two different angles—to get a stereoscopic view, so to speak, of the youthful organism who is our enemy; and, whilst handling him with all our concrete tact and divination, to be able, at the same time, to represent to ourselves the curious inner elements of his mental machine. Such a complete knowledge as this of the pupil, at once intuitive and analytic, is surely the knowledge at which every teacher ought to aim.（TT, 17／邦訳、11頁）

round cheerfully, and to act and speak as if cheerfulness were already there.（TT, 118／邦訳、197頁）

28
From one year to another we see things in new lights. What was unreal has grown real, and what was exciting is insipid. The friends we used to care the world for are shrunken to shadows; the women, once so divine, the stars, the woods, and the waters, how now so dull and common!（PBC, 144／邦訳、上巻219頁）

29
The attempt at introspective analysis in these cases is in fact like seizing a spinning top to catch its motion, or trying to turn up the gas quickly enough to see how the darkness looks.（PBC, 147／邦訳、上巻224頁）
解説中の漱石の引用は全集第6巻72–73頁。

30
[T]he causes of human diversity lie chiefly in our *differing susceptibilities of emotional excitement,* and in the *different impulses and inhibitions* which these bring in their train.（VRE, 211／邦訳、下巻114頁）

31
[N]othing is more congenial, from babyhood to the end of life, than to be able to assimilate the new to the old, to meet each threatening violator or burster of our well-known series of concepts, as it comes in, see through its unwontedness, and ticket it off as an old friend in disguise.（PBC, 286／邦訳、下巻141頁）

24
Evidently, then, the science and the religion are both of them genuine keys for unlocking the world's treasure-house to him who can use either of them practically.（VRE, 105／邦訳、上巻187頁）

25
Hardly, as yet, has the surface of the facts called 'psychic' begun to be scratched for scientific purposes. It is through following these facts, I am persuaded, that the greatest scientific conquests of the coming generation will be achieved. *Kühn ist das Mühen, herrlich der Lohn!*（EPR, 375）

◎第四章　心のからくり

26
[W]e feel sorry because we cry, angry because we strike, afraid because we tremble, and not that we cry, strike, or tremble, because we are sorry, angry, or fearful.（EPs, 170／邦訳「情緒とは何か」今田恵訳、『世界大思想全集　哲学・文芸思想篇15　ジェームズ論文集』所収、河出書房、1956年、116頁）

27
So to feel brave, act as if we *were* brave, use all our will to that end, and a courage-fit will very likely replace the fit of fear.（TT, 118／邦訳、197頁）

Thus the sovereign voluntary path to cheerfulness, if our spontaneous cheerfulness be lost, is to sit up cheerfully, to look reader believe what I myself invincibly do believe, that altho all the special manifestations of religion may have been absurd (I mean its creeds and theories) yet the life of it as a whole is mankind' s most important function. A task well nigh impossible, I fear, and in which I shall fail; but to attempt it is *my* religious act. (Corr., 9:185–86)

20
Religion . . . shall mean for us *the feelings, acts, and experiences of individual men in their solitude, so far as they apprehend themselves to stand in relation to whatever they may consider the divine.* (VRE, 34／邦訳、上巻52頁)

21
Much of what we call evil is due entirely to the way men take the phenomenon. (VRE, 79／邦訳、上巻137頁)

22
[O]ur normal waking consciousness, rational consciousness as we call it, is but one special type of consciousness, whilst all about it, parted from it by the filmiest of screens, there lie potential forms of consciousness entirely different. (VRE, 307–8／邦訳、下巻194頁)

23
But when other people criticize our own more exalted soul-flights by calling them 'nothing but' expressions of our organic disposition, we feel outraged and hurt, for we know that, whatever be our organism's peculiarities, our mental states have their substantive value as revelations of the living truth. (VRE, 19／邦訳、上巻28–29頁)

15

The commonest vice of the human mind is its disposition to see everything . . . as black or white, its incapacity for discrimination of intermediate shades.（PU, 40／邦訳、63頁）

16

The theorizing mind tends always to the over-simplification of its materials. This is the root of all that absolutism and one-sided dogmatism by which both philosophy and religion have been infested.（VRE, 30／邦訳、上巻46頁）

17

A lover has notoriously this sense of the continuous being of his idol, even when his attention is addressed to other matters and he no longer represents her features. . . . [S]he uninterruptedly affects him through and through.（VRE, 66／邦訳、上巻113頁）

◎第三章　宗教的なるもの

18

The man who lives in his religious centre of personal energy, and is actuated by spiritual enthusiasms, differs from his previous carnal self in perfectly definite ways.（VRE, 216／邦訳、下巻21頁）

19

The problem I have set myself is a hard one: 1st to defend . . . "experience" against "philosophy" as being the real backbone of the world's religious life . . . ; and second, to make the hearer or awareness of our own body, of each other's persons. . . . Feeling, however dimly and subconsciously, all these things, your pulse of inner life is continuous with them, belongs to them and they to it.（PU, 129／邦訳、218頁）

12
Man's chief difference from the brutes lies in the exuberant excess of his subjective propensities—his pre-eminence over them simply and solely in the number and in the fantastic and unnecessary character of his wants, physical, moral, aesthetic, and intellectual.（WB, 104／邦訳、172頁）

13
[S]o long as we deal with the cosmic and the general, we deal only with the symbols of reality, but *as soon as we deal with private and personal phenomena as such, we deal with realities in the completest sense of the term.*（VRE, 393／邦訳、下巻357–58頁）

The axis of reality runs solely through the egotistic places—they are strung upon it like so many beads.（VRE, 394／邦訳、下巻359頁）

14
[I]f we look on man's whole mental life as it exists, . . . we have to confess that the part of it of which rationalism can give an account is relatively superficial.（VRE, 66–67／邦訳、上巻114頁）
解説中の漱石の引用は全集第21巻556頁。

9

My thesis is that if we start with the supposition that there is only one primal stuff or material in the world, a stuff of which everything is composed, and if we call that stuff 'pure experience,' then knowing can easily be explained as a particular sort of relation towards one another into which portions of pure experience may enter.（ERE, 4／邦訳、17頁）

◎第二章　世界のなかの「私」

10

Consciousness . . . does not appear to itself chopped up in bits. Such words as 'chain' or 'train' do not describe it fitly as it presents itself in the first instance. It is nothing jointed; if flows. A 'river' or a 'stream' are the metaphors by which it is most naturally described. *In talking of it hereafter, let us call it the stream of thought, of consciousness, or of subjective life.*（PBC, 145／邦訳、上巻222頁）

Every definite image in the mind is steeped and dyed in the free water that flows round it. With it goes the sense of its relations, near and remote, the dying echo of whence it came to us, the dawning sense of whither it is to lead.（PBC, 151／邦訳、上巻231頁）

11

[N]ature is but a name for excess; every point in her opens out and runs into the more. . . . In the pulse of inner life immediately present now in each of us is a little past, a little future, a little

5
Inner happiness and serviceability do not always agree. What immediately feels most 'good' is not always most 'true,' when measured by the verdict of the rest of experience. . . . If merely 'feeling good' could decide, drunkenness would be the supremely valid human experience.（VRE, 22／邦訳、上巻32–33頁）

6
Our 'multiverse' still makes a 'universe'; for every part, tho it may not be in actual or immediate connexion, is nevertheless in some possible or mediated connexion, with every other part however remote, through the fact that each part hangs together with its very next neighbors in inextricable interfusion.（PU, 146／邦訳、246–47頁）

7
Life is in the transitions as much as in the terms connected; often, indeed, it seems to be there more emphatically, as if our spurts and sallies forward were the real firing-line of the battle, were like the thin line of flame advancing across the dry autumnal field which the farmer proceeds to burn. In this line we live prospectively as well as retrospectively.（ERE, 42／邦訳、79頁）

8
'Pure experience' is the name which I gave to the immediate flux of life which furnishes the material to our later reflection with its conceptual categories. Only new-born babes, or men in semi-coma from sleep, drugs, illnesses, or blows, may be assumed to have an experience pure in the literal sense of a *that* which is not yet any definite *what*, tho' ready to be all sorts of whats.（ERE, 46／邦訳、84頁）

◎第一章　世界をどう眺めるか

1

[A] man's vision is the great fact about him. . . . A philosophy is the expression of a man's intimate character, and all definitions of the universe are but the deliberately adopted reactions of human characters upon it.（PU, 14／邦訳、17頁）
解説中で引用したことばはWB, 77／邦訳、123頁。

2

It [philosophy] sees the familiar as if it were strange, and the strange as if it were familiar. . . . Its mind is full of air that plays round every subject. It rouses us from our native dogmatic slumber and breaks up our caked prejudices.（SPP, 11／邦訳、6頁）

3

I am well aware of how anarchic much of what I say may sound. . . . I may seem to despair of the very notion of truth. . . . I am no lover of disorder and doubt as such. Rather do I fear to lose truth by this pretension to possess it already wholly. That we can gain more and more of it by moving always in the right direction, I believe as much as anyone.（VRE, 268／邦訳、下巻121–22頁）

4

'The true,' to put it very briefly, is only the expedient in the way of our thinking.（P, 106／邦訳、222頁）

You can say of it then either that 'it is useful because it is true' or that 'it is true because it is useful.' Both these phrases mean exactly the same thing.（P, 98／邦訳、203頁）

TT: *Talks to Teachers on Psychology and to Students on Some of Life's Ideals*. 邦訳『ウィリアム・ジェイムズ著作集1　心理学について——教師と学生に語る』大坪重明訳、日本教文社、1960年。

VRE: *The Varieties of Religious Experience*. 邦訳『宗教的経験の諸相』桝田啓三郎訳、岩波文庫、上下巻、1969–70年。

WB: *The Will to Believe*. 邦訳（抄訳）『ウィリアム・ジェイムズ著作集2　信ずる意志』福鎌達夫訳、日本教文社、1961年。

それぞれの「ことば」は、原則として上に挙げた邦訳に基づきつつ、一部訳文を改めさせていただきました。解説やコラムにおける引用に関しても同様です。くわえて、「はじめに」でも述べた通り、原文のイタリックや引用時の省略は「ことば」では再現されていないことにご注意ください。

26ではEPsから引いていますが、EPsそのものの邦訳は存在しないものの、26に引いた箇所を含む論文の邦訳は存在するため、その書誌情報は当該項目に記しました。ここで挙げたもの以外にもジェイムズの著作の邦訳はありますので、それらの書誌情報は「文献一覧」をご参照ください。

ジェイムズの書簡からの引用は、以下に基づいています。
The Correspondence of William James, ed. Ignas K. Skrupskelis and Elizabeth M. Berkeley, 12 vols. (Charlottesville: University Press of Virginia, 1992–2004). これは「Corr.」と略記しました。

解説やコラムにおける夏目漱石の著作からの引用は、以下に基づいています。『漱石全集』、岩波書店、全28巻＋別巻1、1993–99年。ただしふりがなに関しては、読みやすさや一貫性を考慮して引用者が一部の表記を変更しました。

原文一覧

ここでは、本書で紹介した「ことば」の原文と出典を挙げています。解説中でジェイムズの著作から引用している場合にはその出典も当該項目に付記しています。

ジェイムズの著作の原文は、本書では以下に基づいています。*The Works of William James*, ed. Frederick H. Burkhardt et al., 19 vols. (Cambridge, MA: Harvard University Press, 1975–88). この著作集は巻数が割り振られていないため、個々の巻は以下の略号によって示しました。

EPR: *Essays in Psychical Research*.

EPs: *Essays in Psychology*.

ERE: *Essays in Radical Empiricism*. 邦訳『根本的経験論』桝田啓三郎＋加藤茂訳、白水社イデー選書、1998年。

MT: *The Meaning of Truth*. 邦訳「眞理の意味」岡島亀次郎訳、『世界大思想全集40』所収、春秋社、1931年、1–153頁。

P: *Pragmatism*. 邦訳『プラグマティズム』桝田啓三郎訳、岩波文庫、1957年（2010年改版）。

PBC: *Psychology: Briefer Course*. 邦訳『心理学』今田寛訳、岩波文庫、上下巻、1992–93年。

PP: *The Principles of Psychology*, 3 vols. 邦訳（抄訳）『心理學の根本問題』松浦孝作訳、三笠書房、1940年（PPの第4、10章の訳）／『世界大思想全集　哲学・文芸思想篇15　ジェームズ論文集』今田恵編訳、河出書房、1956年（130–286頁がPPの第1–8章の訳）。

PU: *A Pluralistic Universe*. 邦訳『ウィリアム・ジェイムズ著作集6　多元的宇宙』吉田夏彦訳、日本教文社、1961年。

SPP: *Some Problems of Philosophy*. 邦訳『ウィリアム・ジェイムズ著作集7　哲学の諸問題』上山春平訳、日本教文社、1961年。

1900年（58歳）	ハーヴァードの休暇とギフォード・レクチャー両方の1年延期が認められる。引き続きヨーロッパに滞在する。
1901年（59歳）	5月から翌月にかけて、ギフォード・レクチャーの第1部をおこなう。8月に帰国する。
1902年（60歳）	4月に英国へ渡り、5月から翌月にかけてギフォード・レクチャーの第2部をおこない、直後に帰国。6月、ギフォード・レクチャーの内容を『宗教的経験の諸相』として出版。
1903年（61歳）	ニューヨーク州のアディロンダック山地に設けられた非公式のサマー・スクールで「ひとつの哲学としての根本的経験論」と題する連続講演をおこなう。
1906年（64歳）	カリフォルニア州のスタンフォード大学で哲学入門の授業を受けもつ。2月、同大学で「戦争の道徳的等価物」と題する講演をおこなう。4月18日早朝、サンフランシスコで大規模な地震が発生。WJは当日中にサンフランシスコへ赴き、被害の状況をまのあたりにする。11月から翌月にかけて、ローエル・インスティテュートで「プラグマティズム」と題する連続講演をおこなう。
1907年（65歳）	1月、ハーヴァードの教授を退任する。6月、ローエル・インスティテュートでの連続講演の内容を『プラグマティズム』として出版。
1908年（66歳）	4月に英国へ渡り、翌月にオックスフォード大学でヒバート・レクチャー（と呼ばれる連続講演）をおこなう。10月に帰国する。
1909年（67歳）	4月、ヒバート・レクチャーの内容を『多元的宇宙』として出版。9月、訪米中のジークムント・フロイトおよびカール・ユングと会う。10月、『真理の意味』を出版。
1910年（68歳）	7月3日、弟ボブ死去。8月26日、心不全のためチョコルアの別荘にて亡くなる。

（作成：入江）

1882年（40歳）	1月30日、母メアリー死去。6月17日、次男ウィリアム誕生。12月18日、父ヘンリー死去。
1883年（41歳）	11月15日、弟ウィルキー死去。
1884年（42歳）	1月31日、三男ハーマン誕生。
1885年（43歳）	7月9日、三男ハーマンが肺炎のため死去。秋に哲学の教授へ昇進する。
1886年（44歳）	ニューハンプシャー州のチョコルア湖沿いの別荘を買う。
1887年（45歳）	3月24日、長女マーガレット・メアリー（ペギー）誕生。
1889年（47歳）	11月、ハーヴァードに新設された「心理学のアルフォード・プロフェッサー」という名前のポストに就く。
1890年（48歳）	9月、『心理学原理』を出版。ヘンリー・ホルト社との12年越しの約束を果たす。12月22日、四男フランシス・トウィーディー誕生。彼はのちにアレクザンダー・ロバートソンと改名され、アレックと呼ばれる。
1892年（50歳）	1月、『心理学原理』の短縮版を出版。3月6日、妹アリス死去。
1893年（51歳）	12月、英国の心霊研究協会の会長に指名され、これを受諾する。またアメリカ心理学会の会長に選出される。
1896年（54歳）	10月から翌月にかけて、ボストンのローエル・インスティテュートで「例外的心理状態」と題する連続講演をおこなう。
1897年（55歳）	3月、『信じる意志』を出版。8月、心理学の教授から哲学の教授へ肩書きが変更される。
1898年（56歳）	8月、カリフォルニア大学バークリー校で「哲学的概念と実際的帰結」と題する講演をおこなう。講演のなかで、パースが生み出した哲学的原理として「プラグマティズム」を紹介する。
1899年（57歳）	5月、『心理学についての教師への講話』を出版。6月、ニューヨーク州のキーン渓谷を散策するも、深夜まで道に迷ってしまう。これにより健康を害する。7月、研究休暇がはじまるので、妻アリスおよび娘ペギーとともにヨーロッパへ渡り、翌年にエディンバラ大学でおこなう予定のギフォード・レクチャー（と呼ばれる連続講演）の準備をはじめる。しかし体調悪化のため遅々として進捗しない。

1864年（22歳）	ローレンス・サイエンティフィック・スクールからハーヴァード・メディカル・スクールへ所属を移す。父ヘンリーらはニューポートからボストンへ引っ越す。
1865年（23歳）	ハーヴァードのルイ・アガシ教授が率いるブラジルへの動物学の調査遠征に参加する。
1866年（24歳）	2月、ブラジルから帰国する。夏にマサチューセッツ総合病院でインターンとして働く。チャールズ・サンダース・パースやチョーンシー・ライトらとしばしば哲学的な議論を交わす。身体と精神の不調に悩まされはじめる。
1867年（25歳）	9月、ベルリン大学へ留学する。生理学の授業に多く出席する。
1868年（26歳）	11月、ヨーロッパ周遊を経て帰国する。
1869年（27歳）	6月、ハーヴァード・メディカル・スクールから医学博士（MD）の学位を授与される。秋に深刻な鬱に陥る。
1870年（28歳）	3月、親しかったメアリー（ミニー）・テンプルといういとこが亡くなったことを知り、さらに深く落ち込む。シャルル・ルヌーヴィエの哲学書を読んだことで鬱が快方へ向かう。
1872年（30歳）	この年の初めか前年の末に、ライトやパースらとともにメタフィジカル・クラブを立ち上げる。
1873年（31歳）	ハーヴァードで講師として生理学の授業を受けもつ。
1875年（33歳）	生理学と心理学の関係を主題とする（当時としては先進的な）大学院生向けの授業をおこないはじめる。
1876年（34歳）	アリス・ハウ・ギベンズ（のちにWJの妻となる）を友人に紹介される。2月、生理学の助教授に任命される。学部生向けの生理学的心理学の授業を受けもつ。
1877年（35歳）	ハーヴァードでWJが受けもっている心理学の授業が哲学科の所管となる。
1878年（36歳）	6月、1880年秋までに書き上げるという約束で、心理学のテキストの執筆契約をヘンリー・ホルト社と結ぶ。7月、アリスと結婚する。
1879年（37歳）	5月18日、長男ヘンリー誕生。
1880年（38歳）	哲学の助教授に任命される。

ウィリアム・ジェイムズ略年譜

＊以下では、ウィリアム・ジェイムズを「WJ」と略記しています。

1842年（0歳）	1月11日、父ヘンリー・ジェイムズと母メアリー・ウォルシュ・ジェイムズの長男としてニューヨークにて生まれる。
1843年（1歳）	4月15日、弟ヘンリー誕生。10月、一家はロンドンへ渡る。
1844年（2歳）	一家はパリへ、さらに英国のウィンザーへ移る。
1845年（3歳）	一家は帰国し、ニューヨークとオールバニ（ニューヨーク州の州都）に交互に住む。7月21日、弟ガース・ウィルキンソン（ウィルキー）誕生。
1846年（4歳）	8月29日、弟ロバートソン（ボブ）誕生。
1848年（6歳）	8月7日、妹アリス誕生。
1855年（13歳）	子どもたちにより良い教育を受けさせようという父の意向により、一家はロンドンへ、さらにジュネーヴへ移る。WJは当地の寄宿学校に通う。10月、一家はロンドンへ戻る。
1856年（14歳）	一家はパリへ移る。WJは社会主義者シャルル・フーリエの理論に影響された実験的な学校に短期間通う。
1857年（15歳）	一家はドーヴァー海峡沿いのブローニュ＝シュル＝メールへ移る。WJは当地の学校に通い、科学の好成績を収める。
1858年（16歳）	一家は帰国し、ロードアイランド州ニューポートに住む。WJは当地の学校に通いつつ、画家のウィリアム・モリス・ハントのもとで絵を学ぶ。
1859年（17歳）	父の決断により一家はふたたびジュネーヴへ。WJはジュネーヴ・アカデミー（現ジュネーヴ大学）で科学を学ぶ。
1860年（18歳）	ハントのもとで絵の勉強を再開したいというWJの主張により、一家はニューポートへ戻る。WJはハントのアトリエに週6日通うようになる。
1861年（19歳）	絵を諦める決断を下す。9月、ハーヴァード大学付設のローレンス・サイエンティフィック・スクールに入学する。

略年譜、原文・文献一覧

◎特別寄稿

町本亮大（まちもと・あきひろ）

1988年生まれ。19世紀英国の思想と文学。東京大学大学院修士課程修了後、現在、ユニヴァーシティ・カレッジ・ロンドン博士課程。論文に「D·G·リッチーとオスカー·ワイルド——世紀末のイギリスにおける「設計への意志」」（『ヴィクトリア朝文化研究』第13号、日本ヴィクトリア朝文化研究学会、2015年）など。

【執筆者紹介】

◎共著者（五十音順、＊は編者）

入江哲朗（いりえ・てつろう）

1988年生まれ。米国思想史、映画批評。東京大学大学院博士後期課程。共著に『オーバー・ザ・シネマ　映画「超」討議』（石岡良治＋三浦哲哉編、フィルムアート社、2018年）、『映画監督、北野武。』（フィルムアート社、2017年）、『論集 蓮實重彥』（工藤庸子編、羽鳥書店、2016年）。論文に「ジョージ・サンタヤナとアメリカ文化――あるいは「お上品な伝統」と反知性主義」（『ユリイカ』2017年1月号）、「タトゥイーンの太陽と火星の大地――SF映画における風景の発見」（同誌2016年1月号）、「健さんとシュワちゃん――活劇の臨界を走る」（同誌2015年2月号）など。

岩下弘史（いわした・ひろふみ）

1986年生まれ。比較文学。東京大学大学院博士後期課程。論文に「夏目漱石とウィリアム・ジェイムズ――『文学論』の(F+f)について」（『文学』第15巻第5号、岩波書店、2014年）、「夏目漱石とウィリアム・ジェイムズ――『文学論』の「印象又は観念」という用語をめぐって」（『比較文学』第56号、日本比較文学会、2014年）など。

大厩諒（おおまや・りょう）

1983年生まれ。世紀転換期を中心とする英米哲学史。中央大学大学院文学研究科博士後期課程修了、博士（哲学）。現在、中央大学兼任講師、実践女子大学非常勤講師、立正大学非常勤講師。共訳にラッセル・B・グッドマン『ウィトゲンシュタインとウィリアム・ジェイムズ――プラグマティズムの水脈』（岩波書店、2017年）。論文に「純粋経験の統一的解釈の試み――ジェイムズ哲学の方法論的考察を通して」（『哲学』第67号、日本哲学会、2016年）など。

＊岸本智典（きしもと・とものり）

1984年生まれ。米国教育思想史。慶應義塾大学大学院社会学研究科博士後期課程単位取得退学。作新学院大学女子短期大学部専任講師を経て、現在、昭和音楽大学専任講師、千葉大学非常勤講師、埼玉大学非常勤講師。共著に『西洋教育思想史』（眞壁宏幹編、慶應義塾大学出版会、2016年）、『ワークで学ぶ教職概論』（井藤元編、ナカニシヤ出版、2017年）、『ワークで学ぶ教育課程論』（尾崎博美＋井藤元編、ナカニシヤ出版、2018年）など。論文に「W.ジェイムズ教育論における「注意の持続」の意味」（『日本デューイ学会紀要』第58号、日本デューイ学会、2017年）など。

ウィリアム・ジェイムズのことば

2018年6月26日　初版第1刷発行

編著者　岸本智典
著　者　入江哲朗／岩下弘史／大厩諒
発行者　阿部黄瀬
発行所　株式会社　教育評論社
〒103-0001
東京都中央区日本橋小伝馬町1-5　PMO日本橋江戸通
Tel. 03-3664-5851
Fax. 03-3664-5816
http://www.kyohyo.co.jp
印刷製本　萩原印刷株式会社

定価はカバーに表示してあります。
落丁本・乱丁本はお取り替え致します。

ISBN 978-4-86624-016-9